たいせつなことは…

子どもと生きる「あなた」への手紙

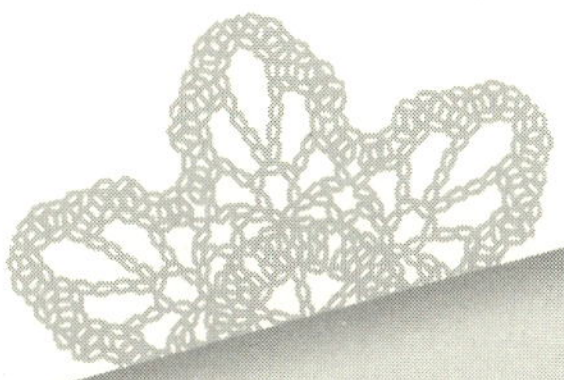

青木　悦

けやき出版

子どもとの関係

子どもと生きる「あなた」へ

まわりとの関係

青木　悦

はじめに

いま子育てまっ最中の編集者が、とてもおもしろい企画を持ってきてくれました。

私のところにはたくさんの相談が寄せられます。電話での相談はお断りしていますので、ファックスとか手紙という形で届きます。それらに私がどう答えていくか、その編集者は聞いてこられました。

しかし質問、相談の中身をそのまま他の人に話すわけにはいきません。「ほとんどの方が同じような不安・悩みを抱えておられますよ」と言うと、小学生の子どもさんを持ち、その時第2子を妊娠中だったその人は、「私が青木さんにお手紙を書きます。また友だちや編集部の人、届いた手紙とかを本人の了解を得たうえで送りますので、それに答えていただけますか?」と言いました。

なかなかまとまって書く時間を持てない私に書かせるための工夫のようですが、おもしろいと思いました。実は、私は手紙を書くのが好きな人間です。電話やメールよりも、好きな便箋や封筒で、好きな筆記具で書く方が、真意を届けられるような気がします。どうしても電話やメールは「用件優先」というイメージで、私のように気がつくのが遅い、あるいはペンを走らせているうちに考えがまとまるような古いタイプの人間には向かないのです。

そしてこの書簡集がまとまりました。なかなか答えにくいものもありました。書いてくださった方には不満足ではないだろうかと不安です。でも私にとっては何気ないことばの裏にある差出人の気持ちをさぐりながら、いま子育て中の女性たちが抱える問題の深さに、あらためて背筋を伸ばしていく思いがありました。

何か、役に立てたらうれしいです。

終わりの方には、私のいま思うところも書きました。読んでくださった方から、またお手紙をいただいて、書簡集その２なんて出せたらいいですね。

２００８年12月

青木　悦

「私」のこと

仕事は続けたいが、
子どもにさみしい思いをさせることに罪悪感…

いま、２人目を身ごもって妊娠７ヵ月です。現在出版社に勤めています。産休を取り、保育園の４月入園に合わせて、子どもが３ヵ月のときに職場に戻る予定です。初めての出産ではないですし、上の子とはだいぶ年齢も離れているので私自身はそれほど大変だと思っていませんでしたが、まわりは出産を機に仕事を辞めた人や、育児休業を取る人が多いようです。ほとんどは「大変なのにえらいね」という肯定的な意見ですが、専業主婦の友人に「私は、できるだけ子どもの側にいてあげたいから」と言われてしまうと、仕事を続けることが子どもに負担をかけてしまうのかもと、不安になります。

私は外に出た方が性に合っていますし、縁があって私の子どもとして生まれてくるのだから、「たまたま働くことが好きなお母さんだった」と思ってもらうしかないのかな、と考えていますが、上の子はいまでも「さみしい」と訴えてくることがあるので、２人目はさらにそうなってしまうかもしれないと考えるとモヤモヤしてしまいます。

（35歳母、小２の男児）

楽しく生きる「母」がいちばん!

私も同じ状況でしたので、迷われる気持ちもよくわかります。あなたのような思いを表現される方は、何十年も前からたくさんいます。そしてつくづく思うことは、「父」の立場の人からこんな悩みを聞いたことは一度もないなあ、ということです。なぜ「母」だけがこんなにまで胸を痛めなければならないのか、考えたいと思います。

その前に、とりあえずいまのあなたの気持ちを少しでもラクにしていただくために、いくつかの部分に意見を言わせていただきます。

1つ目は「私はできるだけ子どもの側にいてあげたいから」という「まわり」の意見はどこまでも意見であって、「正解」ではありません。あなたはとても冷静に「私は外に出た方が性に合っている」ととらえておられます。そういうあなたが、「子どものために」と考えて家に居るとすれば、おそらく子どもさんたちのいろいろなところにいっぱい目がいって、仕事と同じリズムで子どもの日常を追いたててしまう可能性が高いです。お母さんが幸せに生きてなければ、子どもの幸せはありえません。そういう「まわり」の意見を個人の意見ととらえないで、子育ての「正解」じゃないかと思ってしまうから迷ってしまうのです。

2つ目は、上の子どもさんが「さみしい」と訴えてこられること。けっこうつらいですよね。私も息子が小学校2年生のとき「ねえ、ふつうのお母さんになってよ」と言われ、文字どおり体がグラッとするほど揺れました。そのときは「ふつうのお母さんてどんなの?」と聞くと、「家に居て、エプロンして、ごはんやおやつ作ってくれる人」と答えました。私は「うーん、悪いけど、私そういうの全部苦手なんだ。ごめんね」と言いました。息子は「ふーん」と言っていましたが、私はその後もときどき思い出して、心の底では揺れておりました。

息子が中学生になって「反抗」という主張を始めたころ、また聞いてみました。「私が家に居るふつうのお母さんの方が良かった?」。息子はちょっと考えて、顔色を変え、「ううん」と強く首を振りました。このウザイ母親が家に居るところを想像したらしく、真剣な答えでした。

たいせつなのは、お母さんに向かって「さみしい」と表現できる親と子の関係が育っていることなのです。正直に思いを表出できるからこっちも「ごめんね」と言えるし、お互いにわかっていけばいい種類のことなのです。

昔は父も母も働いていました。農業、漁業、商業、みんな「母」も働き手でした。「家が職場」だったから母のがんばりも見えたのですが、「家に居た」ことだけが引っぱり出され、女性に押しつけられたからおかしくなったのです。

許されるなら、子どもさんを職場にもときどき連れていってください。懸命に生きるお母さんを誇らしく思うこともありますよ。お父さんにはそれが通常許されないから、父親の立場の方がむしろいまは気の毒です。

「働く」ということの中身が、家に居てできることから外に出なければできなくなった、いささか難しい表現をすれば、産業革命以降、賃金労働しか「労働」とイメージできなくなった中で、ずっと身近にそれをたぐり寄せて「お母さんが働くのは是か非か」なんて論議されるようになってしまったのです。

もっと原点に戻って、働いて食べることが基本というのなら、男も女も、働くことのできる人は働いていくべきなのです。働く現場をもう少し働きやすいものにする努力は必要ですが、働ける人は働いて、老人や赤ちゃんや具体的に働くことのできない人たちをともに担ってこそ、人間なのではないでしょうか。その人たちからまたいろいろな力をもらいながら……。

楽しく生きる「母」は、子どもにとって一番うれしいものなのです。がんばって！

専業主婦でいることは肩身が狭い

子どもたちがようやく手を離れ、自分の時間を持つことができるようになりました。あれこれ家事をていねいに仕上げ、かつ節約することが好きで、家の中にいる生活が何よりと考えています。

先日、下の娘から「お母さんは、どうして働かないの?」と言われました。「あなたたちのご飯を作ったり洗濯したりして、働いているじゃない」と答えると、「そんなのお仕事してる○○ちゃんのカアサンだってやっているじゃん」。どうやら、父親が毎晩遅くまで疲れ果てて帰宅することを気の毒に思っているようです。

考えてみれば、夫は好き嫌いでなく収入を得るために働かざるをえません。娘に何て返したらいいのやら。それ以来、心がざわざわして落ち着きません。

(42歳母、中2・小6の女児)

「私」はどう生きたいのか
もう一度考えて

先にいただいた「仕事は続けたいが、子どもにさみしい思いをさせることに罪悪感」という方のお手紙と、真に表裏の関係にある方からのお便りです。

私たち女は、こんな風に、まったく相反する意見に振り回されています。「子どもをきちんと育てるために」という錦の御旗を掲げられたとき、私たちはつい、何か正しい方法があるかのように思わされ、悩まされてしまうことを、このおふたりの手紙が証明しています。

どちらの人も、いまの自分に罪悪感を抱かされています。「外で働いて」いても「家の中で働いて」いても、どっちにしても「私が悪い」と思わされるのは女だけなのです。

母としてではなく、女性としてでもなく、「私」はどう生きたいのか、それをまず考えなければならないと、私は思います。私たちはそういう教育をあまり受けていません。男の子は幼いときから、「大きくなったら何になるの？」と問われ、「電車の運転手さん」とか「パイロット」とか、答えながら仕事をイメージする訓練をさせられます。しかし女の子は、さすがに「結婚するんだから学問は要らない」などという親は少なくなりましたが、「サッカー選手になりたい」なんて言うと、「女なんだから」とか、「どうせ結婚までだから……」などと言われ、自分の未来に区切りをつけることに慣らされてしまうことが多いのです。

「区切り」はいま、結婚そのものよりも、「子育て」で一番意識させられます。そして迷いが始まり、そのことが子どもにも影響を与えていきます。子どもを自分の生きがいあるいは通信簿にしてしまって、子どもを追いつめたり、思うようにならない幼い子にイラついてつい殴ってしまったり――。

それらの問題はいっぱいありますが、答えはいつもひとつのところに向かいます。――「私が悪い」。お母さんだけが子どもを育てるわけじゃないのに、子どもに関わるトラブルの原因はすべて「母」になっていってしまいます。それを認めたくない「母」が、すべて園の責任、学校のせいと、理不尽に見える主張をすることも起きています。一部マスコミで「モンスターペアレンツ」とからかわれたりする存在も、根っこには「子どものことはすべて親の育て方による」という思いこみがあるから、抗議も子どものためとなります。逆に見えても、根はひとつなのです。

家に居て、静かに生活したいという道を、男も女も選べるなら選んでいいんです。人といっぱい会って、競争の職場でガンバルのはイヤという人が男にも女にもいるはずです。

問題なのは、男は外でガンバレ、女は家でおとなしくと決めつけられることです。あなたは「家事をていねいに仕上げ、節約が好き」という人なのですから、そのとおり子どもさんに言えばいいです。「お母さんは、これが好きだから」と。

ただ、あなたに子どもさんがたいせつなことを気づかせてくれましたよね。「お父さんは好き嫌いではなく働かざるを得ない」という事実です。そう、男の人は自分の幸せだの、好ききらいだの言ってられないというのも現実です。

現状では、男も女も好ききらいで働いたり職場を自由に選んだりできません。理想とは違う現実を、仕方ないことと思っています。子育ての中で「お母さんが家に居ることが子どもの幸せ」と言ってしまうのはなぜなのでしょう。そこだけは「やむを得ない」ことではなく、「正解」のように言ってしまうのは一体誰なのでしょう。その中で「私は家に居るのが好き」と、思い込まされている面もあるのではないでしょうか。

本当に「私」はどう生きたい人間なのか、もう大人のことがわかる年齢の娘さんたちと話し合ってみたらいかがでしょう。女の子を育てている人は、私はうらやましいですねえ。会話ができるから……。通常、男の子って母親と会話はできないことが多いですよ。

独身時代にもどりたい

いま3歳の双子がいます。子どもと向き合う毎日にはそれなりに満足しているのですが、ときどき、無性に以前の生活が恋しくなってしまいます。というのは、結婚を機に引っ越してきたので、学生時代の友人も勤めていたころの友人も、遠方で疎遠になりつつあります。夫は子煩悩な人で、休日には子どもたちの世話を引き受けて「どこか気晴らしに出かければ」と言ってくれるのですが、私には会って食事をする友だちも近くにはいません。子どもを通して知り合った近所の人たちは、何か見えないよろいをまとっているというか、本音の話ができる関係になっていません。

夫はといえば、生まれ育った地元のままいまに至るので、私のように結婚や子育てで環境が変わっていません。結婚して子どもを持って、私は失くしたものを思い出して悔しいばかり。何だか理不尽で、悲しくなってしまいます。

（29歳母、3歳双子の女児）

「失くしたもの」より「得たもの」に気づいて

お気持ち、よくわかります。好きな人と出会い、結婚し、かわいい子どももできて、あっという間に3歳、きっと夢中で生活して来られたのだと思います。双子の子どもさんということなので手間もかかり、大変だったこともあるのでしょう。私個人は双子が欲しかったので、うらやましいという思いもありますが……。

ふっと考えたとき、夢中のときには見えなかったものが見えてきたのでしょうね。それを「失くしたもの」と表現されています。でももう少し時間が過ぎれば、「失くしたもの」ではなく「得たもの」の大きさにも気づかれると思いますよ。

ただ、いまのところは少し気持ちを整理した方がいいと思います。まず、双子の世話というのはとても大変です。ひとりでも大変なのに、いきなりふたりの子どもができたのです。あなたひとりで普段子育てしているとすれば、いくら夫さんが休日に面倒を見てくれても、あなたは心身ともに疲れていると思われます。その疲労がたまって、いろいろなことがおっくうになってしまうこともあります。ましてや3歳になったということは、子どもたちもよく動くようになったはずで、あなたの日常はきっとくたくたになっているのでしょう。

日常的に子育てを助けてくれる人を探してみませんか？　ベビーシッターを頼むことでもいいし、保育所に通わせることも可能かどうか、まわりでちょっと探してみてください。あなたの心身を少しラクにしてから考えを進めることがたいせつだと思います。

次に考えなければいけないことは、あなたにとっての真の「気晴らし」とは何か、ということです。「どこかで気晴らしすれば」と言われても、知り合いも少なく、心を許した友人もいない土地で暮らすあなたにとって、どこに行けばいいのか、本当にしんどいですよね。むしろ夫さんといっしょにどこかに出かけられたら、それが一番あなたにとっての「気晴らし」ではないでしょうか。

それを夫やまわりの人に言ってみてください。夫と結婚して、夫の生活の場に移ってきたあなたの立場を語ってみてください。すぐにわかってくれるとは思いませんが、表現しなければはじまらないのです。特に男の人は、話してもわかってくれないことが多いので、話さなければもっとわかってくれません。

さらに可能なら、夫に子どもを預けられた日に街の中で行われている講座、映画、芝居、展覧会など、暇を見て探しておいて、思い切って出かけてみてください。そこで新しい友だちとの出会いもあるかもしれません。

あなたが、出かけてみたり新しい人との出会いを作ることが苦手というタイプなら、本を読んだりネットで探ったりしながら、自分の20年後ぐらいを想定しつつ、やれることを探してみてください。「自分探し」なんてのんびりしたことではなく、自分にできる仕事を探してみてください。

子どもはあっという間に大きくなります。その成長の間に子どもを通して友人が見つかるということもありますが、ただ待っているのももったいないです。時間を見つけて、自分にできることを探してみることです。

男性は自分の仕事や居場所を動かすことなく、女性が夫の転勤などに合わせて動かざるをえない社会の仕組みに理不尽なものも感じます。それは、本当によくわかります。その理不尽さに気づく力を持っておられるのですから、きっとさまざまな問題にも気づき、学ぶ力もお持ちだと思います。

そういうあなたの前向きな生き方をふたりの子どもさんがじっと見つめています。子どものためにガンバルことは、実は私の人生をガンバルことと重なります。私を生かしてこその子育てです。ちょっと自分のことに気持ちを向けてみてくださいね。

若い母親っていけないことですか？

いま23歳で、1歳の子どもがいます。夫とは7歳離れており、学生時代から付き合ってきたので、自然な流れで早い結婚となりました。思いのほか早く子どもも授かり、家族3人楽しい日々を過ごしています。ただ、私の友だちはまだ学生だったり、働きはじめたばかりだったりで話が合いません。子どものことで困った時は母親に聞いたりしています。「相談できる友だちがいれば…」とも思いますが、マンションにも小さい子どもはいません。

ネットの子育て掲示板で知り合ったママ友にメールで年齢を答えてから、返事が来なくなってしまいました。また、ベビーカーで散歩中に年配の女性に突然「こんなに若くてちゃんと子どもを育てられるのかね～」と聞こえるように言われ、とてもショックでした。若い年齢で母親になることは、いけないことなんでしょうか？　ちなみに、私はミニスカートでも、高いヒールを履いているわけでもありません。確かに社会人の経験は短く知識も少ないかもしれませんが、子どもをちゃんと大事に育てています。テレビで若い母親が子どもを殺した事件などを見ると、「またそういう目で見られるかも」と外に出ることが怖くなってしまいます。

（23歳母、1歳の男児）

まわりの目は気にしなくていい

あなたのこのお手紙に、現代社会が透けて見えます。学年や学校が違ったりするともう「友だち」が作れないこと、住居がマンションだったりすることでもう「知人」も作れないこと、ネットで作ろうとしてもネットは顔が見えないために都合が良い代わり、年齢とか住所といった数字・文字で相手がわかった気になり、関係を切ることもあること、ミニスカートやハイヒールといった格好だけで「母」を資格づけする年代の格差、それをまた平気で口に出して相手をキズつける無神経な大人たち、テレビのニュースの事件と自分をくっつけて不安にならざるをえないという、極めて中途半端な「情報化」という言葉ｅｔｃ。

そんな中で子育てしているのです。あなたはそれだけでえらいですよ。私はそう思います。あなたのたどった道筋はとても素直で、当たり前の道でしょう。そんなにスムーズに歩くことのできたあなたを、私はむしろうらやましいと思います。

「母」になるのに年齢は決められたものではありません。法律的にどうこう決められているのも、人間の身体に合わせて、社会的状況も判断してのものです。23歳なら、そういう意味では何の問題もないでしょう。

私が子どものころですからもう半世紀も昔になりますが、23歳というと「婚期が遅れる」と言われる年でした。また30年ぐらい昔、私が息子を産んだころは、31歳で初産の私は「高齢出産」

と言われました。そのころの世間が決める婚期は23～24歳、初産年齢は25～26歳ぐらいだったと思います。いまとまったく違っているでしょう？

まわりが言う「適齢期」って、その程度のものです。あまり「若い」と気にすることはないと思いますよ。むしろ若い方が体力はあって良い面が多いです。子育ては一に体力、二に体力ですから。

私も電車に乗るとき、閉まりかけたドアにベビーカーから突っ込もうとする若いお母さんを見たことがあります。思わず「あぶない！」と叫んでいました。ものすごいハイヒールで子どもと駅のホームに立っていて、子どもさんが急に走り出したとき、ヒールが高くてすぐに追えない人も見ました。私がその子どもさんを抱いてつかまえ、お母さんに渡しました。「すみません」と言っていました。私は「あんなクツはいてたら、すばやく動く子どもに対応できないのに」と思いつつも、口に出しては言いませんでした。だってその人、おそらく母であることに慣れていないんですから……。

子どもといっしょに生きる中で、ハイヒールは合わないな、荷物も子どもたちに汚されるからブランドバッグよりリュックの方がラクだなと知っていくのです。はじめは「私という個人を子どもによって消されたくない」などと力を入れるのですが、子どものパワーに大体の方が負けています。

「母なのに」ではなく、「新人だから」と思ったら、まわりももう少しやさしくなれるのですが、年をとった側はもう「母」を卒業しているため、えらそうに言ってみたいのでしょうね。

まわりの目は気にしなくていいですよ。あなたは子どもに合わせて動きやすい格好をしておられるようですし、子どもをたいせつにしていらっしゃること、わかります。

友人ができないなら、近所の公的な場にできるだけ顔を出してみてください。公園、公民館、市民会館など、人が集まりそうなところに行って掲示板など見てください。けっこう同じ不安を持つ人が多いことがわかりますよ。

年齢は関係ありません。あなたはもう立派な母親ですよ。

息子とふたりで生きていく

子どもが2歳の誕生日をむかえたころ、協議離婚しました。
それから3年、その日その日が無事であればと、無我夢中で暮らしてきました。結婚前から在宅で続けてきた、工芸の仕事の収入と児童扶養手当で何とか「糊口を凌いで」きたのですが、来年には息子が小学校に入学します。元夫は、現在の住まいのローンを負担、それ以上の養育費はもらわない約束です。

いままでは何とかやってきたものの、子どもが育つにしたがって経済的な不安が大きくなってきました。いま考えあぐねていることは、もうひとつ収入の道を持ちたいが……ということです。現在の仕事があればこそ、いままで暮らしてこられたわけで、これからも手放さずにいたいと思っています。ただ、先行きが明るくない業界ですし、かける時間のわりには低収入です。そこで、外での勤めを探しはじめました。ある意味世間知らずの私にできる仕事の少なさはもとより、子どもが幼いため敬遠されて、なかなか話が決まりません。そして、これ以上働くことで、息子との暮らしに時間のゆとりがなくなりそうで逡巡しています。

もっと若いころは、「貧乏でも豊か」な暮らしをあえて選び、それで十分満足でした。子どもと暮らすいま、お金のない毎日は、それだけで気持ちが沈んでしまうことが多く、情けなくてたまりません。実家は遠方で、年金暮らしの母に経済的な援助を頼むわけにはいきません。

きっと、私は「だいじょうぶだから」「なんとかなるわよ」と言ってほしいだけなのかもしれませんね。何だか、愚痴っぽいお手紙になってしまい、すみません。自分で決めた「ひとり親」の道なのに、前へ進めない自分がもどかしくてならないのです。

（39歳母、5歳の男児）

いずれ子どもは成長する
自分を見つめた仕事探しを

ちっとも愚痴っぽい手紙ではありませんよ。よく書いてくださいました。

あなたは「前へ進めない自分」とおっしゃってますが、私から見れば本当にがんばって、懸命に進んでこられた、いまも進んでいると見えます。「進む」というのは事態を変えることでも、ズンズン歩いていくことでもありません。人生で「進む」というのは、まず「気づく」こと、そして「考える」ことです。私はそう思っています。

とりあえず住居が確保され、細々ではあっても子どもさんとふたり、生きてこられました。つらかったでしょうけど、えらいですねえ。ちゃんと「進んで」きたじゃないですか。

あなたが言うように、私ももう少し収入とか社会保障のある仕事を探した方がいいと思います。いまやっている工芸の仕事が心から好きで、そっちで「身を立てたい」というのならまた別の考え方もできますが、とりあえず子どもさんの学費（小学校時代はほとんどかかりませんが）、生活費などを考えたら、またあなたご自身の先のことなどを考えたら、定期収入のある仕事を探した方がいいと思います。

息子さんとの暮らしに時間のゆとりがなくなるのでは、なんて考えなくていいと思いますよ。昼も夜も働くという人もいます。でも子どもとの時間を、本当に身を削って作っている人もいるのです。そういうところまで考えなくても、生活のために普通に勤めをする、その中で子どもを保育園などに入れて、ともに育ててもらう仲間（子どもの友だち、保育士さん、お母さん同士など）を作っていく方向を探る方がいいのではないでしょうか。

仕事はすぐ見つかるわけではありません。しかし、そういう方向にいろいろ資料・情報を集めたりハローワークなどにも出かけて、ゆっくり探せば必ず見つかります。

確かに「貧乏でも豊か」な生活はありますが、やはり経済が決まらないと、しなくてもいい争いをしたり、何より不安が広がったりしてしまいます。がんばって探してみてください。

それと、「息子とふたりで生きる」とおっしゃってますが、息子さんはいずれ成長し、自分の人生を生きていきます。幼いときは「いつもママといっしょだよ」などとかわいいことを言ってくれます。でも考えてみてください。30歳になって「いつもママといっしょ」なんて言われても困惑しますよね。いまは「息子とふたり」でも、いずれ（それほど先でもなく）息子さんとは精神的には離れなければならないのです。

そういう点からも、あなたはあなたの仕事、あなたがひとりでも生きていかれる収入を得る仕事を探してほしいと思います。仕事は収入だけでなく、あなたの人生を意味します。必ずしも「生きがい」になるほどピッタリの仕事（そんな仕事ができている人はとても少数です）でなくても、仕事で出会う人たち、その人たちとともにする苦労、喜び、ときには争いさえも、社会で生きていく証として、あなたをより豊かにしてくれるでしょう。

幸いあなたは、今日にでも働き場所を探さなければならないというほど、追いつめられてはいません。どうぞゆっくり、自分を見つめながら仕事を探してください。

私は「なんとかなるわよ」なんて言いません。あなた自身が「なんとかしたい」と思っていることがよくわかるので、「大丈夫だな」とは思いますが……。

ここまでがんばってこられたのです。幼い子どもを抱えて協議離婚――その中にどれだけの苦悩と孤独感があったのか、少しは想像もつきます。それに負けずに自分の将来をきちんと考えようとしているあなたに敬意を表します。その上で、より安定した仕事を探した方がいいと、私は思います。がんばってください。がんばる母を、子どもはじっと見ています。

子どもとの関係

「ひとりっ子」は、可哀想ですか？

子どもはたくさん欲しかったのですがなかなか2人目ができず、幼稚園や近所は兄弟がいる子たちばかりで肩身が狭い思いをしています。お互いの両親やママ友だち、幼稚園の先生たちまでが発する「2人目は？」の言葉にうんざりしています。娘も言われていることがわかってきたので、「さみしいね～」と声をかけられるせいか、最近は「きょうだいが欲しい」と言うようになってしまいました。

真剣に、不妊治療を受けた方がいいのかもしれないと夫に相談を持ちかけてみましたが、あまり心配していないようで「そのうちに自然と授かるよ」と取り合ってくれません。いけないと思いつつ、街中で仲良さそうなきょうだいを見かけるとイライラしてしまい娘につらくあたってしまうことも…。これでは悪循環ですよね。どうすれば楽な気持ちで暮らしていけるでしょうか？

（31歳母、5歳の女児）

誰の責任でもない ただの状況

私の友人で、子どもが欲しくて欲しくて仕方がなかったのに、どうしても恵まれなかった夫婦がいます。いろいろ話し合った末、自分たちは子どものいない夫婦として生きていこうと考えられて、ふたりの関係を重視する方向で楽しく生きています。

また、たったひとり授かった子どもを病気で亡くされたご夫婦もいます。そのときの悲しみようは、こうしてあなたへの返事を書いていても、思い出すと手がふるえ、涙が浮かんでくるような、見ているだけでつらいものでした。いま、おふたりは子どもの施設などのボランティアをしながら、がんばっておられます。

私も男の子ひとりを育てました。大変な難産で、さんざん苦しんだあげくの帝王切開で、たくさん輸血もして、その後も身体の弱い私は出産という行為そのものによってさまざまな困難を体験しました。出産というのは女性にとってまさに命がけなんだなあと、実感しました。だから何とか体調が戻り、小さく生まれた息子が親とケンカできるほどたくましく育ったことは、とてもうれしいことでした。

しかしまわりはいろいろ言ってくれました。「ひとりじゃさみしいわよ」「女の子もかわいいわよ」「ひとりっ子はワガママになりますよ」などなど。その度に、顔では笑って心の中では「わかっとるワイ！」などと、怒っておりました。小さな親切、大きなお世話という人、やっぱりたくさんいます。

私は自分の子どもに「ひとりっ子でよかったね」とよく言いました。おやつも、好きなハンバーグもひとり占めできるものねえ――などと言いました。それでも息子は「兄さんか姉さんが欲しかったなあ」と、ポツリと言いました。「そうねえ、弟か妹は何とか間に合うかもしれないけど、兄・姉は無理ねえ」と言っておきました。

私の子どもが「ひとりっ子」なのは、子どもの責任ではありません。もちろん私の責任でも夫の責任でもありません。私たちの状況というだけです。それでもひとり授かったのは、私たち夫婦にとってはうれしいことです。子どもは望まないという生き方をしている人から見れば、特にどういうこともない話です。

いろいろな状況の中で人は生きています。ないものを探してイライラするより、いまあるものに喜ぶこともあっていいんじゃないでしょうか。ただ、この「ひとりっ子」問題は個人の生き方の自由の問題になかなかならないところがあって、それが私たちを苦しめるんですね。

子どもを産む機能を備えた女性の身体、それをまるでその女性個人の「能力」であるかのように語られることが多いのです。さらに産む機能はあっても、産むか産まないか決めるのはその当人のはずなのに、それはワガママであるかのように責められることも、歴史上ありました。体力的に「産めない」女はダメといわれ、産めるけれども「産まない」人はワガママと責められ、女性は自分の身体を、その時代の政治、意識、男の力などでいつもとやかくいわれて生きてきました。そのことが、「ひとりっ子は……」ということばの背後に感じられるから、よけいつらいのですよね。女性の置かれたところの問題も、学習していきたいと思います。

とりあえずいまは、まわりの目、口は気にしないことです。2人目ができて女の子だったらきっと「男の子は？」と言われます。ふたりだったら「3人の方が社会性は育つはず」と言われます。どこまでいってもまわりが満足することはありえません。まわりのためのあなたの人生ではないでしょう？　気にせず、いまの家族で楽しく生きてほしいと、私は思います。

子どものゲームをやめさせたい

子どもが毎日ゲームを手放せずにいます。「みんな持っているもん！」と言われ、根負けして買ってしまいましたが、あまりに一日中続けるので、そろそろ心配になっています。

友だち同士で遊ぶときも、家ではWiiを、公園や外ではDSをやっているようで「せっかく友だちと集まってるんだから、スポーツしたりすれば？」と言うと、「対戦するからみんながいないとできない」という返事。誕生日やクリスマスに何が欲しいか聞いても、「○○のソフト」という調子です。

私も主人も眼が悪いので、子どもに遺伝してしまうかもという心配もあります。取り上げてまったくやらせないのも極端なので、「○時まで！」と約束をさせますが「いまセーブできないから」となかなか終わりません。主人自身がゲームが好きなこともあり、余計に悩みのタネです。家の中で私ひとりがキーキー怒って、ふたりがそれぞれに黙ってゲームをやる姿を見ると、悲しくも空しくもなってしまいます。どうすれば、効果的にやめさせることができますか？

（33歳母、6歳の男児）

いずれもっと楽しいことが見つかるはず

6歳の子どもが友だち同士で遊ぶときもゲームばっかりで、というのは、私はあまり心配していません。一種のオモチャ感覚だと思います。これが12歳以上の子どもが、毎日毎晩、目をランランとさせてゲーム漬け、となりますと、ちょっと心配です。

あなたの中に、子どもはお天気のいい日は外で元気に走りまわるのが「正常」という判断はありませんか？　たしかに太陽の下、元気に走りまわる姿を見るのはいいものですが、子どもの「遊び」はそれだけではありません。ビルとビルの間に「陣地」を作ってじっとすることにワクワクしていたり（これは都会で育ったわが息子がしていたことです。大きくなってから「白状」しました。ビルの4階ぐらいの古い窓と窓の間にボロ板を渡して、そこに小屋を段ボールなどで作っていたというのですから、聞いたときはゾッとしました）。ゲームに夢中になったり、よそのお宅の塀の上を歩いたり（これもわが息子。ため息が出ます）。本当にいろいろなことをして遊びます。

6歳ぐらいの年齢の、公園でのゲームというのは、そういう遊びのひとつのように、私には思えます。

ただ、あまりにやりすぎると、あなたの不安のとおり、眼には良くないです。過剰な刺激（音と光）も心配です。いままでどおり、キーキーでもギャーギャーでもいいですから、「やりすぎはダメだ」

と、言いつづけてください。

夫さんともよく話してください。幼い子どもの遊びをもっと幅広く教えてやってほしいという頼み方もたいせつです。「あなたがゲームばっかりやるからいけないのよ」という言い方だけでなく、「男の子にとってゲームよりもっと楽しい遊びがあることを知っているでしょう？　教えてやってよ」と言ってみるのです。しかし、いま30代ぐらいの男性は、意外に外遊びの経験が少ないのかもしれませんね。そしたら、「お天気のいい日は歩こう！」でもいいです。あなたが声をかけてやってください。

夫と子どもさんがすぐには動かないかもしれません。でもあきらめずに声をかけてください。たいせつなのは、ゲームは一日の生活の中のほんの一部というメッセージを送りつづけることです。ゲームにしても、いま問題になっている携帯電話にしても、子どもから完全に離すことは困難でしょう。一部の地方で携帯を「学校には持って来させない」とりきめとか、小学生に「持たせることを禁止する」とりきめとか動きがありますが、こっそり内緒で持ってしまう方がもっとこわいかもしれません。犯罪にまきこまれる確率は、見えないところで持つときの方が高くなると思うからです。やっぱり大人とやり合いながら、その中でその危険性も伝えられるのではないでしょうか。

あなたの不安は、子どもさんの眼への影響という、身体にかかわることですから、言いすぎることはありません。「勉強にさしさわりがある」とか、大人の都合による不安ではありませんから、その一点はがんばってください。

「ゲームばっかりやって勉強しない」という声は、もう少し高学年の子どもを持つ人から寄せられます。しかし、実は、この勉強とゲームは大人の多くの人が思うより奇妙な因果関係にあるのではないかと、私は考えています。

それは、ゲームが勉強のじゃまというより、ゲームが勉強漬けの毎日の息ぬきになっているということです。いま「勉強」というのはその大半が〝反復練習〟であり〝暗記〟です。そういう働きばかりを要求され続けた脳は、ゲームの多くが持つ単純な刺激によって、一瞬はラクになることもあるのでしょう。どうしても、幼いころから勉強ばかり強制された子どもさんの方が、ゲームびたりになる危険性を持っているように、私には思えます。そういう相談がほとんどなのです。

大人が一般的に考える「遊び」、その一部としてのゲームなら心配いらないのです。

そのうち、息子さんはゲームを卒業していくと思います。他にもっと楽しいことがあることを知っていくからです。その役割をお父さんにもやってほしいのですが……ね！

どこまでが「しつけ」なんでしょうか

こどもとの日常生活の中で、どの程度まで口出しをしていいか悩んでいます。2~3歳の小さいころは言ってもわからないので好きにさせていましたが、5歳になり、私の言っていることを理解できるようになってきたので、「そろそろきちんとしつけを…」と思っています。

電車の中で騒いだ場合などは、その場その場で軽く叱っていますが、これでいいんでしょうか?

自分のイライラを子どもにぶつけないようにとは思いますが、朝の時間がないときに着替えをしないでダラダラふざけているときなど、つい「早くしなさい!」と感情的になって大きな声を出してしまいます。急いでいるときは先回りして準備をしたり、着替えさせたりすることもありますが、自分では何もできない子になってしまうかもと思うと不安で…。

親はどの程度まで注意し、どの程度まで子どもに任せたらいいのでしょうか。

(31歳母、5歳の女児)

あなたのやり方で
くり返し伝えて！

この疑問はいまとても多いです。私はあちこち講演に行きますが、必ずといっていいほどこの質問が出ます。よほど多くの若いお母さんたちが心配していることなのだなあと思います。

「5歳になったのだから、そろそろしつけを……」とお考えのようですが、どうして年齢によって線を引くのでしょうか。また、5歳という根拠は何なのでしょうか。幼稚園とか学校とかを意識されているということでしょうか。

また「しつけ」って何を指すのでしょうか？「厳しく教え込む」ことをいうのでしたら、そんなやり方は幼くても、5歳でも、10歳でも、子どもにはハラの立つことになります。「しつけ」とは本来、その子が世の中に出たとき困らないように、人様に迷惑をかけないようにと、親たちが昔から子どもに伝えてきたことです。つまり「たくさんの人の中で生きていくための技術を伝えること」です。5歳やそこいらでピシッと着替えをする子にさせることではありません。

いくつかの具体的な疑問が書かれていますので、場面場面で、私はこうしてきたということを書かせていただきます。誰もがこんなときはこうすべきだという「正解」はないと思うからです。私のやってきたことに間違いもあるかもしれません。でも、そうするしかないという条件の中で、子どもと生きてきた、ひとりの先輩（ものすごい年の差で先輩というのも変ですが）の意見として読んでください。

①電車の中で騒いだら「電車の中では騒いじゃだめ」と言いました。それでもやめないときは次の駅で降りて、ホームから景色を見せて気分を変えました。そのための余裕をもって電車に乗るようにしました。怒ることはしたことがありません。

②朝、こっちが忙しいのにダラダラしているときは、「もう……」と言いながら、さっさと着替えさせました。間に合わないからです。思春期近くなると、着るものなど全部自分の好きなように準備しましたので「自分で何もできない子」にはなりませんでした。

③「早くしなさい」は、ほとんど言ったことはありません。言う前に私の方が動いていました。やはり「反抗」のころになると、「早く」と私が言おうとすると「わかってる。黙れ！」なんて言っていました。そのときは「そう、じゃあどうぞご自由に」と言って、放っときました。

私は、子どもにイライラしたのは思春期のころだけです。何を言ってもブスーッとして難しい時期でした。そのころはこっちもカッとなって言い返したりしましたが、子どもが幼いころはほとんどこっちでやりました。イライラして大声を上げる方が、私はイヤでした。でも、結局、子どもの思春期に大声でけんかしてたので、親と子はこういうものかなと思っています。

ただ、子どもが親とほぼ対等に言い返せる年齢になってからやりあう方が、子どもにとってはいいんじゃないかなと、私は思っています。幼いときに「しつけ」として抑えこんでいくと、「対等」になったとき、その抑圧は「恨み」として表出される場合もあるように思うからです。

「どの程度まで注意するか」なんて、考えなくていいと思いますよ。あなたのやり方で、子どもさんを侮辱しないようにという一点だけ気をつけて、くり返し、くり返し、伝えていってください。子どもにばかり目を向けていないで、子どもさんと手をつないで同じ方向を向いて、いっしょに生きていってほしいと思いますよ。

子どもをかわいく思えない

私は、３人きょうだいの末っ子で、身近に赤ちゃんや幼児がいないなかで成人しました。息子が６ヵ月をむかえましたが、正直どう接したらいいのかわからないまま過ごしています。存在としては小さくてかわいいと思うのですが、この命を守らなくちゃいけないという責任に力みすぎてしまい、「いま」を楽しめません。ママ友に「子どものことをかわいく思えない」と感じてしまうことを話したら、異星人を見るような表情で会話が途切れました。こんなぎこちない母親は私だけなんだと、ますます追いつめられた気分です。

自分が生んだ子に対して、緊張して過ごす私ってどうかしてる……毎日に疲れ果てています。「リラックス」の仕方もわからなくなりました。こんなことに思い悩まないお母さんに、無条件に愛されて育つ子に比べて、ウチの子がかわいそうで。これって、いつか影響が出てしまうかもと不安になります。

（32歳母、６ヵ月の男児）

一つひとつの行為が「子どもを愛する」こと

正直に書いてくださったので、私もホンネで返事を書くことができます。ありがとうございます。

結論から先に言えば、いまあなたが「子どもをかわいく思えない」ことが子どもに影響が出ることはあり得ないです。そういう不安は抱かないでください。

また、「こんなことに思い悩まないお母さんに、無条件に愛されて育つ子」って、どんな子ですか？　現実に存在するのでしょうか？「思い悩まない」母親っていませんし、「無条件の愛」なんて、長い間（おそらく何十年という年月）をかけて、愛された側の人が気づくことであって、愛した側には決して実感できないことではないでしょうか。

あなたは「どう接したらいいのかわからない」と言いながら、放置したら死んでしまうはかない命を、６ヵ月間も、とにかく必死で育ててきたではありませんか。泣いたら抱き、あやし、ミルクを与え、おむつを取り替え、厚着をさせていないか、薄着じゃないか、部屋の温度はこれでいいのか……など、いっぱい考えて、赤ちゃんの顔を見つめつづけてこられたのでしょう。その一つひとつの行為、その積み重ねが「子どもを愛する」ことなのです。

あなたは子どもをかわいいと思うことが日常の生活と離れて、独立して存在すると考えていませんか？　あるいは子どもがどんなにむずかっても、自分がどんなに疲れてイライラしていても、子どもにはいつも笑顔を向けている母親が「正しい母親」と思っていませんか？　私はそれを、「幻の母親像」と言ってきました。

幻の母親像とは、現実に子育てを体験したことのない男性たちが作り上げたものです。自分が子どもだったころ、いつも自分より早く起きて、つらい家事を黙々とこなして、苦労も見せず笑顔を絶やさない――まるで演歌の中のお母さんのような姿を思い出し、涙する。そんな中から生まれてきた母親像です。現実に子育てをしてきた女性から言わせれば「そんなこと、できるわけがない！」。赤ちゃんを育てていくことはまさに格闘です。赤ちゃんとの格闘ではない、自分との格闘なのです。私などはたったひとり男の子を育てましたが、私の身体が弱かったので、本当に大変でした。出産そのものが命がけの行為の上に、夜もゆっくり眠れない、疲れて疲れて……でも子どもにそのイライラを出すわけにはいかない。だってすぐ死んでしまう、小さな、小さな命だもの……私ががんばらなくっちゃあ……。

こうやって私自身を追いつめていってしまいました。つまり母親である私の中にも「幻の母親像」は、男性たち以上のレベルでできあがっていたのです。

私の場合はとうとう耐えられなくなって夫にウイスキーをぶっかける事件を演じて（『「こどものために」という前に』に記述）、夫といっしょに子育てすることで危機を乗り切りました。その間、子どもの世話は必死でしましたが、子どもをかわいいと感じたことは一度もありませんでした。そんなことを考えている余裕もなかったのです。

子どもをかわいいと親が思うことは、考えてみれば現実にはとても少ないことのように思います。近所の人から「あら、かわいい」なんて言われたら、お世辞とはわかりながらも心の中で、「そう、うちの子、世界一かわいいんだわ」と思いました。しかし子どもとふたりで家にいるとき、「かわいいわが子」なんて思うこと、まずないんじゃないでしょうか。

子どもが眠ったら、その横で自分も寝てみてください。読みたい本があったら読んでください。それが「リラックス」です。銀行のポスターのような母と子の像はどこまでも幻です。いっしょに生きてください。すぐ大きくなって「かわいい」ときは少なくなりますよ。

下の子どもが苦手です

子どもが欲しくて結婚したくらい、待ち望んで2児の母となりました。毎日が発見の連続で、この暮らしを楽しんできましたが、最近思うことは、ふたりの子を同じように育てているのに性格がぜんぜん違うことです。当たり前なんでしょうけど、戸惑い気味です。おっとりした上の子に対し、下の子は「空気を読む」タイプです。いまの世の中、この方が生きやすいのかもしれませんが、私自身こういったタイプが苦手です。わが子なのにどうしたものでしょう。頭では子どもを比べるなんていけないとよくわかっているつもりです。

私が幼いころ、姉とケンカして泣きじゃくりながら「お姉ちゃんと私とどっちが大事なの？」と訴え、「どっちもかわいいに決まってるじゃないの」と、母はいつもの返事をしました。そのときの不安も安心もよく覚えています。私はといえば、断然上の子の方がかわいくてたまりません。この気持ちを出してはいけないことは肝に銘じていますが、気持ちに蓋はできません。この先どうすればいいのか困っています。

（36歳母、6歳・3歳の男児）

幼いころのあなた自身を許してあげて

どうやら答えは簡単のようですよ。あなた自身が「下の子ども」だったのですね。そしてお姉さんとケンカしたとき「泣きじゃくりながら、お姉ちゃんと私とどっちが大事なの？　と（お母さんに）聞いた」と書いておられます。

あなたはその行為を「どっちもかわいいに決まってるじゃないの」と言ってくれたお母さんの「平等」の愛情の例と感じていらっしゃるようですが、このときのあなたの行為がいかにも「下の子」らしい、「空気を読む」あるいは「愛情を確認する」行為です。あなたはそのことがわかっているから、そういう自分がどこか気恥ずかしくて、ズルい行為のように思えて、同じようなことをする「下の子」に、苦手感を抱くのでしょう。「下の子」の真意が見えると思っているから、ちょっとイラつくのでしょう。

でも、それならよくわかるのではありませんか？　「下の子」がなぜ「空気を読む」ようになるのか。それは、「下の子」ならではの悲しさというのでしょうか、通常「上の子」はひとりっ子の時間もあったわけで、母親との関係が濃密にみえます。意外に「上の子」と合わないと言ってくる母親も多いのですが、あなたのお家の場合は、「上の子」の方があなたの気持ちの大部分をもらっています。「下の子」さんは、それが不安で、ちょっと悲しいから、先に「嫌われないように動く」のではないですか？　先へ、先へと「気を回して」いくのではないですか？

それを、母であるあなたが「空気を読む」などと論評していたら、「下の子」さん、かわいそうです。

「空気を読む」のではなく「気を使っている」のです。そしてたいせつなことは、気を使わせているのはあなたなのだということです。

「下の子」を見るとき、あなたの気持ちの中に「幼いころの自分とそっくり」という安心感があり、「上の子」に比べると冷静な対応ができるのではないかと思います。「上の子」さんはあなたにとって「わからない」部分があり、それは不安であると同時に新鮮でもあるのでしょう。

あなたの愛情に多い少ないがあるのではないと思います。「下の子」の方が「わかる」という思いがあって、自分のイヤな部分を持っているからどこか苦手になるという程度のことだと思います。しかしそのあなたの態度を察した「下の子」さんは、不安だからなお一層あなたに気を使うということになっているのではないでしょうか？

どうか「下の子」も平等に愛してください――なんて、私は言いません。親の愛情そのものはずっと平等なのですから。

私が言いたいのは、幼いころのあなた自身を、もうそろそろ許してやってもいいではありませんか、ということです。きっと心の底ではライバル意識のあったお姉ちゃんより、私の方がお母さんに好かれているはず、と思いたくて、わがまま言ってみたり、泣いて（いるフリをして）みたり、そんな「計算」をしたそのころの自分を、「子どもだったなあ」と、許してやってください。「下の子」さんもいままさに子どもだから、そういうことをしているのです。

ときどきでいいですから、「上の子」を放っといて、「下の子」さんとふたりだけで買いものに行ったり散歩したりしてみてください。ふたりのお子さんがまったく逆転して見えることもありますよ。

「この先どうすれば」なんて困ることはありません。まるで数学の計算のように、ふたりに同じ愛情を分けることはできませんが、ふたりを同時に愛していけるのが親子関係ですから……。

10年後、あなたは「上の子」が苦手なんて思っているかもしれませんね。

子どもに手を上げてしまいました

子どもが生まれて、もうすぐ8ヵ月になります。初めての育児は、おっかなびっくり。小さくてかわいい子どもの寝顔をみていると幸せな気持ちでいっぱいになりますが、その反面小さい家の中で一日中子どもと2人でいるので、正直息が詰まってしまうことも…。

近所には友人もいないので、昼間はベビーカーを押して母子で散歩に出たりしますが、子連れって、いままでは当たり前にできていたことが急にできなくなることなんですね。オシャレなカフェは狭くて入れないところが多いですし、外食ひとつもままならない状態です。エスカレーターやエレベーターを探すのに一苦労。足を伸ばしてみようと電車に乗って買いものに出かけると、誰も席を譲ってくれない上にデパートで欲しい洋服があっても試着することができず、ウィンドウショッピングで終わってしまいます。

夫はとても忙しい仕事で、いつもヘトヘトで深夜に帰ってくるので育児は私に任せきり。グチのひとつも聞いて欲しいところですが、すぐに寝てしまいます。

そんなくり返しの毎日がずっと続いています。先日、朝から晩まで泣きやまない子どもにイライラしてしまい、つい頬をパチンとたたいてしまいました。子どもは何をされたのか理解できず最初はキョトンとしていましたが、ギャーッと前より激しく泣いてしまい、我に返りました。虐待のニュースを見ると、信じられないという気持ちでいた私なのに…。

私は母親失格ですよね。こんな自分に子育てができるのでしょうか。

（26歳母、8ヵ月の男児）

「家の中で子どもと2人でいる」苦しさを
もっと外へ訴えて！

疲れていたのですねえ。本当に……。「我に返」ってよかった。赤ちゃんの泣く力があなたを我に返してくれたのでしょう。

新聞・テレビなどで虐待のニュースを見る度に、「8ヵ月なんて、一番愛くるしいときなのに……」などの声が聞かれます。事実、生後6～8、9、10ヵ月ぐらいというのは表情も出てくるし、それなりの応対も返ってくるし、形状としても一番かわいい時期です。でも一方で、お母さんの体力が一番要求される時期でもあるのです。

8ヵ月といえばそろそろ歩行器にもあきてきた、かといって歩けない、抱き上げる度に体重も増して重くなる、それなりの意思表示もあるしそれを無視するとそっくり返って泣く、怒る、つらくて床に置くとはったり、伝い歩きして危ないものに手を出したり、イスをひっくり返したり——これは、思い出しながら書いた、私の子どものその時期の状態です。身体が丈夫ではない私はそのころひどい肩こりで、両方の耳の下あたりのリンパ腺が炎症をおこしてはれあがり、正面から見ると両あごが突き出て、将棋のコマのような顔になっていました。腕も上げ下げの度に激痛でした。

私の場合は、夜は子どもをすべてひきうけてくれる夫、週1回は通ってきて子どもと遊んでくれる私の友人などに助けられ、何とかこの時期を乗り切りました。でも、苦しかったことはこまかなところまで覚えています。あなたと同じ、初めての子育てで緊張もしていたのでしょうね。だからよけい疲れていたのだろうと、今になってわかります。

ただ、あなたが育児にへとへとになっていることと子どもさんは何の関係もありません。子どもにはまったく責任はないのです。そこのところがゴチャゴチャになったとき「虐待」がおきたりするのですが、あなたはそこのところに気がついておられます。だからこそ「我に返」ったのであり。「子どもに手を上げてしまいました」と、深い後悔の思いを手紙に書いてくださったのでしょう。ちゃんと、客観的に自分を捉えていますから大丈夫です。ここで1回たたいたことが子どものトラウマ（私にはよく意味がわからないことばですが）になることはあり得ませんので、これから先どうすればいいかの方を考えていきましょう。

あなたが書かれた「外食ひとつままならない」「狭いカフェ」「少ないエスカレーターやエレベーター」「席を譲ってくれない電車の中」「ゆっくり試着もできないデパート」などの「やさしくない街」は、何も子育て中の母と子にだけではありません。私はもう60歳を越したのですが、まったく同じ思いをしています。老人にも「やさしくない街」ですね。つまり弱い立場の人に「やさしくない」のです。それでいて、子どもに「思いやりの心を持ちましょう」なんて国をあげて言うのですから、おかしくなってしまいます。

そういう街を変えたいけれど、すぐにはできません。子どもさんと出かける場所をちょっと変えてみませんか？　誰ともなかよくしなくてもかまいませんので、公園など、余裕のある場所に行ってみませんか？

夫さんにも、もっともっと強く表現してください。「来週の日曜日だけでいいから、私をひとりで出かけさせて！」と。だまっていたら男の人はそれでいいのだと思ってしまいます。もっともっと言ってください。怒ったらあなたも怒り返して……。

私は何もけんかを勧めているわけではありません。何の抵抗もできない幼い子にむかうあなたのイライラを、もっと外に、「強い」者に向けてほしいのです。「小さい家の中で子どもと２人でいる」ことの苦しさを、もっと外に訴えてほしいのです。それを苦しいと感じるのはあたりまえの感情ですから。

あなたの気持ちの中に、「私は母親なのだから、このくらいのこと、耐えなければ……」というのがありませんか？　また、あなたの親やまわりの情報から「昔の親は子育て中に出歩かなかった。今の親はガマンが足りない」などと思っていませんか？

これらの意見や情報には根本的な錯覚があります。まず昔の家は今ほど狭くはなかった。昔は人の手がいっぱいあった、安心できる人と人の繋がりの中で子どもはたくさんの人によって育てられた、だから結果的に母親は体力的にはラクだった――のです。

現代のように、マンションや団地といった「小さな空間」の中で、男は外に出て体力の限り労働させられ、女はわが子の育て方すべてに責任を負わなければならない、と思わせられるようになったのは、まだ30～40年前ぐらいからです。昔から「母だけが」子育てしていたわけではなかったのに、いつのまにかそれが「昔の母は強かった」と置きかえられていきました。

確かに農業にしても漁業にしても商業にしても、母親も労働の担い手でした。「働きながら」赤ん坊にオッパイを与え、がんばる母は強かったのでしょう。しかし商売が忙しくなったとき、「ちょっとうちの子、見ててね」と、ヒョイヒョイ預けられる人がたくさんいました。そこが現代とまったく違うところです。いまの母親は子どもを一日中、すべてを「ひとりで」見なければならないのです。こんな時代は昔はなかった、つまり初めての現象です。あなたが苦しいの、あたりまえですよ。

とりあえずこうしてお手紙をくださったのはよかった。もっともっと、夫、友人、親たち、近所の人と話したり、区役所・市役所など、いろいろなところに出かけて、いまの自分にとって必要な情報を集めてください。その中で人と繋がることもできます。

母親なんて、合格もない、だから失格もないのです。子どもといっしょに生きるだけです。これからですよ！

子どもがウソをつくことに悩んでいます

上の子が度々ウソをつくことに頭を抱えています。大きくなるにつれ明らかに保身と思えるようなウソが増えてきました。「宿題やった？」と聞くと、「もう終わった」と言います。ランドセルを開けて確認し、「やってないじゃない」と言うと、「ごめんなさい」と下を向いてしまいます。答えるまでに間があったり、モジモジするため私には全部わかってしまいます。私もついついきつく注意してしまうので、怖がっているのかなと反省し、それからはできるだけやさしいことばをかけるよう心がけてきました。

ところが先日、割れたガラスを発見。「誰がやったの？」と聞くと「お父さん」という答えが…。「失敗をすることよりも、ウソをつく方がずっと悪いことなんだよ」としっかりと諭し、息子は泣いて謝っていました。

このままいくと将来どうなってしまうのかと不安でたまりません。「怒る」と「叱る」をごちゃまぜにしないように気をつけてはいますが、私も忙しかったり疲れているとなかなかやさしくできず、私のせいでウソをつくようになったのでは、と後ろめたい気持ちになっています。ウソだとわかっても、何も言わない方がいいのでしょうか？　（37歳母、小3の男児と5歳の女児）

本気で叱ってくれる人がいれば、大丈夫

どのウソも子どもらしいウソで、「このままいくと将来どうなってしまうのかと不安でたまりません」なんていうほどのウソではないと思います。すべて、その場のがれで、結局はバレて叱られて泣いてあやまって……どの子も親も多かれ少なかれ経験してきたことだと思います。

小3ぐらいですと、わかった時点で「ウソはダメ」とくり返し叱るぐらいでいいのですが、もう少し大きくなりますと、ウソで逃れる前に親の言うことを聞かないことも起きてきます。そのときはもう叱るなんてレベルではなく、本気で人間としてやり合わなければならないのですが、たいせつなことは、小さいころに小さなウソをついて、すぐバレて、本気で叱ってくれる人がいれば、大きくなって大きいウソはつかなくなるということです。

どんなウソをつこうと、どんなさわぎを起こそうと、ちっとも子どもの方を向いてくれない大人ばかりのとき、子どもは「将来どうなってしまうのか」になってしまうことが多いのです。ガラスを割ったのはお父さんなんて、ものすごくかわいいウソですよね。何たってニセの「犯人」を家族の、しかも父親にしちゃうんですから、真実はすぐバレますし、お父さんに叱られることも当然考えたはずです。友だちの名前を出してデッチ上げをしないだけ、よかったなと思います。

あなたのせいでウソをつくようになったと考える必要はないです。子どもは成長の途中で小さなウソをつきながら、いつの日か、ウソにウソを重ねるとのっぴきならない場面が来ることを思

い知らされることがあって、ウソはものすごく疲れることだし損なことだとわかって、ウソをやめていきます。

私の息子が高校生のとき、「今夜は友だちの家に泊まるけど、友だちの家は大きな家で友だちの部屋は離れだから、電話はしないで。家の人に迷惑かけるから……」と言いました。私はウソだとピンときましたが、「そう」と言っただけでした。その後すぐ息子は「あのー、蚊取り線香ない？」と言ってきました。「ああ、部室に泊まるんだな」とわかりました。当時も学校の部室に泊まることは禁止されていましたが、私は「火の用心だけはきちんとするのよ」と送り出しました。息子は「うん」とだけ言って出て行きました。バレバレです。

わかっていて知らぬ顔をしてやらなければならない（と、私が思う）ときもありました。共犯者になってやらなければならない時期も来るのです。

いまのままで大丈夫です。子どもさんはウソがいけないことと十分わかっています。いまはまだ当分の間、ウソをついたとわかったらその度に、「ウソはダメ」とくり返し怒ってください。短く「怒る」方が、クドクド叱るよりいいですよ。こういう「道徳」を教えるときは。

まわりとの関係

「いい子」の私をやめたい

同じ市内に住む実家の母のことで困っています。母はしっかり者で気がつき、頼りになる存在です。私自身、子どものころから「母の言うようにしたら間違いない」と従い、些細なことにも母に判断をあおいできました。ただ内心こちらの考えを通すことが「やっかいな状況になる」ことも予想して、避けてきたような気もします。

大人になったいまも、母は昔のように私の娘のことや家事の手順に手出し、口出しをします。勝手な言い分なのですが内心うんざりです。また、「やめて」と言い返せない自分もイヤになります。

長年「いい子」でいた私がまいた種ですが、いまは娘にも夫にも「私の考え」を、迷いながらでも示さないと情けない気がしてきました。ここは、母と衝突してもガーンと言ってみるか、母と距離を置き穏便にやり過ごすか……母のダメージも心配で、ふんぎりがつきません。

（28歳母、2歳の女児）

お母さまを信じて
ホンネを出して！

お手紙、拝見しました。

あなたはやさしい方なのですね。そしてそのやさしさが現状の本当のところを見えなくしている原因でもあると、私は思います。

まず「長年『いい子』でいた私がまいた種」と書いておられますが、この種をまいたのはあなたのお母さまですよ。あなたではありませんよ。ここはたいせつなことです。親の責任が先にあるのであって、子どもは責めを負う筋合いはないのです。でもこの順番を間違えてしまう人がけっこういるのです。

自分の考えを通すと、「やっかいな状況になる」とあなたに思わせたということは、お母さまはあなたを支配していたということです。その支配に「うんざりする」のは当然であって、そう感じる自分を「勝手な言い分」などと思う必要はないのです。もうあなたも親になって、あなたの子どもさんとぶつかり合いながら生きていかねばなりません。そろそろお母さまときちんと離れる時期なのではないでしょうか。そうしないと、あなたの夫や子どもにまで感情的なしこりが影響を及ぼすときも来るように思います。

ただ、「離れる」ために「母と距離を置き穏便にやり過ごす」ことは不可能ではないかと私は考えます。こっちは「穏便に」と思って気を使ってものを言っても、母親の方はいつまでも娘を「わが子」ととらえているために、「反抗的」と怒ってしまうことが多いし、私も同じような体験をしてきました。本当に「距離を置く」なら、物理的に別のところに転居することです。物理的な距離を取ることができれば、「穏便に」いくことも可能です。

仕事の関係やいろいろで物理的に距離を取れないなら、ぶつかる覚悟でやり合うしかないでしょう。孫のことや家事にまで口を出してこられるお母さまですから、このままいったらもっともっと大変なことになります。「わかりました」と言っておいてその通りやらないという方法もありますが、そうしたら必ず「あなたは私をバカにしてるのか。わかったフリをして……」と突いてきます。そういう気づき方をされるのが、「しっかり者」の中身であることが多いのです。

私も、私の母にとって「いい子」で生きてきました。夫婦仲の悪かった私の母は、長女である私を「支え」にしたと、私は思っています。長女に、夫の悪口を言いつづけ、長女は「母を幸せにできるのは私しかいない」と思うようになり、お母さんを苦しめてはいけないとばかり考えて、お母さんの喜ぶ顔を見たいばっかりに、勉強もがんばりました。自分の結婚とか出産とかは、30歳近くなるまで考えたこともありませんでした。母を「独りにする」わけにはいかないと思っていたのです。

でも結局、私の両親は離婚もせず、それなりにお互いを必要とする存在だったようです。愛し合っていたとはとても思えませんが、つまるところはお互いにワレナベにトジブタの関係の「なかよし」だったのです。

それならそうと、私が幼いときに正直に言ってほしかったです。「あんなお父さんだけど、私にはたいせつな人なのよね」ぐらいのこと言ってくれたら、私は安心して自分の人生のことだけ考えられたのに――と、今でもうらみごとは浮かんできます。

だから私は自分の子どもには正直に語ってきました。息子が「お父さんとボクとどっちが好き？」と聞いてきたとき、「うーん、悪いけど、お父さんの方が好き」と言いました。息子はうれしそうでした。そしてその気持ちは、私にはわかりました。

あなたも、自分自身が子育てを始めたからお母様の〝問題点〟が見えてきたのだと思います。ここからが真実の親との関係づくりの始まりともいえます。

お母さまが決定的に年をとってしまう前に、あなたのホンネを出してやってください。それが本当のやさしさだと私は思いますよ。だって年をとっていけばいくほど、ホンネを出すことが老人をいじめていくように見えてしまいます。お母さまにまだ反発する力もあって、あなたとは別の「生きがい」を見つけられる余力のあるときに、本当の気持ちを出してやってください。ときはすぐ過ぎてしまいます。あなたがホンネを言うことは親にとって一時的にはさみしい気持ちになって「ダメージ」ですが、人としてきちんと大人になったわが子に結局は喜びを見出していかれます。お母さまを信じて、やり合ってください。

子どもの将来設計で、夫と意見が合いません

現在小学3年生の息子の進路で、夫と意見が対立してしまっています。息子は勉強が好きな方ですが、夫は中学受験をするために「4年生から塾に入れないと間に合わない」と言います。私は、子どもは、伸び伸びと育てたいと思っているので別に受験をする必要はないと考えています。

ただ、学区である公立の中学校は荒れていて評判が悪く、心配な部分はあります。いじめなどは、公立でも私立でもそんなに大差はないとは思うのですが…。子どもに聞くと「受験してみる」と言うのですが、どんなに大変かは理解していないと思います。

将来を考えるとチャレンジさせてみるのもいいのかもしれませんが、夫の話を聞くと、友だちと遊ぶ時間もなくなってしまうようで…。中学受験を経験した夫の「同じ男として将来は大事だから」という気持ちもわかるので、私自身揺れ動いています。夫の言うとおり受験に向けていっしょにサポートしていけばいいのか、やはりいまから反対を通した方がいいのか、もしくはチャレンジさせてみて子どもが無理をするようなら反対した方がいいのか、とても悩んでいます。

（37歳母、小3の男児）

「ゆっくりいこう」の声を
子どもは待っている

はじめからイチャモンをつけるようで恐縮ですが、私はよく使われる「子どもの将来設計」ということばにいつも違和感を抱きます。子どもの将来は子ども自身が決めます、という風な「キレイゴト」ではなく、「設計」という言い方に、子どもを視野に入れない、親だけの勝手な意志を感じるからです。

子どもは親の「設計」どおりには育ちません。ある程度の枠、例えば大学まで行かせたい、あるいは中卒で手に職をつけてもらいたい（いまはこういう人はあまりいませんが）などの願いは通じます。しかし〇〇大学に入ってほしいとか、そのためには△△高校あるいは□□中学校からエスカレーターでなどという願いは、どこまでも親の「願い」であって、「設計」ではないのです。

これはことばじりをつかまえてとやかく言うという種類のことではありません。このところをきちんと考えておかないと、せっかくの親の「願い」も逆効果になってしまうことが多いからです。

例えば夫さんが「同じ男として将来は大事だから」と思うのは、現実の社会で生きている人の切実な「願い」でしょう。男でなくても女も同じなのですが……。しかし夫さんが考える「将来」は自分の体験による、極めて狭い範囲の将来ではないでしょうか。

状況がどんどん変化している現代社会です。ある程度の学校を出てある程度の会社に入れば生涯安泰なんて世の中は、もうどこにもありません。夫さんが子どもだった時代からでさえ、大きく変わってきています。

これからの世の中で生きていく上で必要な力は、個人として自分をきちんと表現できて、相手の個人を尊重しつつ、繋がりを作っていく力でしょう。私は、こういう力がなくても人は生きていけるし、生きられる社会にしなければと思いますが、そういう私の考えを「甘い」という人にも「これからの生きる力」は、自己表現と人と繋がる力だということは明白だと思います。

そういう力は、子どものころの「遊び」の中で一番、作られていきます。「遊び」は子どもを甘やかせることでも、単に「伸び伸び育てる」ための手段でもありません。子どもが人として成長するための、当然の権利なのです。つまり「将来」を考えるなら、せめて15歳ぐらいまでは遊んだり、本を読んだり、ボーッと考えごとをしていたりの時間を保障しなければならないのです。ノーベル賞をもらった何人かの方も同じことを言っておられましたが、実感だろうと思います。

子どもに時間を与えたらゲーム漬けになるという不安を抱く人もいます。しかし、子どもがゲーム三昧になる一番大きな原因は、子どもの時間がコマ切れというところにあるのです。そのことを指摘する人は多くないのでピンとこないかもしれませんが、「子どもがゲームばっかりで困っています」と言ってくる人に、子どもさんの1日の時間割を聞いてみると、学校、クラブチームのスポーツ（あるいはバレエなどの体を使うおけいこごと）、塾など、いくつも時間割にすき間がありいます。そのすき間を埋める、相手がいなくても短時間で「遊べる」ものとしてゲームは入りこんでいきました。

逆に幼いころから仲間と「遊ぶ」時間がたっぷりある子どもは、ゲームを卒業していきます。ゲームを自分の時間のほんの一部にできること、これがゲームと子どもとの関係でたいせつなことなのです。

それなのに「将来設計」として、いまの子どもの時間をコマ切れにしてしまうなんて、私は子どもへの越権行為と怒る以上に、子どもさんがかわいそうになってしまいます。

夫さんと話し合ってください。子どもは親が「やってみる？」と聞けば、ほぼ100%「やる」と言います。むしろ「うちはうち。ゆっくりいこう」という親の声を、子どもさんは心から待っていると思うのですが……。

本音づきあいをしたい！

子どもを産むまで、仕事と趣味のつきあいばかりで、近所には知り合いすらいませんでした。これからは、子どもを通して自分にも友だちが欲しい！と積極的に人づき合いを心がけてきたのですが、いまだに心から話せる人はいません。息子の妊娠時の母親学級からはじまって、赤ちゃんのころの公園デビュー、幼稚園に入園と、多くの知り合いができましたが、交わすことばはあたりさわりない話題ばかりで、それなら独りのほうがいい！とさえ思っています。

長い人生、友だちがそう簡単にはできるものではないことはわかっていますが、もう少しぶっちゃけた話をして笑い合ったり、しんみりしたりの仲間がほしいと思うのはゼイタクでしょうか？

（37歳母、5歳の男児）

ゆっくり、相手の言い分を待つ
その中から「本音」は伝わります

ちっともゼイタクなことではありません。当然のことです。お気持ちはよくわかりますよ。あなたの疑問の背後には、あなた個人のことよりも、もっと広く深い女性問題もかくれています。仕事も趣味も、結婚・出産によってコマ切れにされてしまうという現実です。男性は結婚しても子どもができても、その前のつきあいを通常は維持できます。しかし私たち女性は夫の転勤、父母との関係等によって住む所を移さざるを得ないことが多く、このことが心から話せる友人を見つけることを難しくしています。

そのうえ、ここ20年ほど強くなっている傾向で、近所づきあい、子どもの幼稚園友だちの親のつきあいが、とても気疲れするものになっていることがあげられます。いわゆる「ママ友だち」のつきあいが、決して本音を言えない、ただニコニコとつきあわなければならないものになっているのです。二重の意味で、とくに「お母さん」に、親友が見つけられないということが起きています。親友どころか、気配りばかりのつきあいに疲れ果て、自分を追い込んで病気になってしまう人さえいます。

だけど、ちょっと冷静に考えてみませんか？　会社で熾烈な競争をしている男性たちにも、心を許せる友だちはなかなか見つからないのではないでしょうか。だから社会に出る前の学生時代の友人がたいせつになり、男性はそれを継続することがやりやすいというだけです。ただ学校でもいまホンネが言えないつきあいが多くなり、ゆっくりとケンカしたりしながら友人を確保していく（親友というのは、そういう過程を経てはじめて認識されるものではないでしょうか）ことが難しくなっています。つまり、男でも女でも友人を作ることが困難になっているということは言えます。

そんな中で、子育てに悩んだり、いきづまりを感じたりすることは、むしろ仲間づくりのチャンスかもしれません。そしてその仲間づくりは、あまりにも個人的な1対1のつきあいのくり返しではあまり誕生しないものだと思います。

思いきって、近くの公的な施設（公民館、児童館、あるいは幼稚園、学校など）の掲示板をのぞいてみてください。何となく興味をひく集まりがないかどうか、探してみてください。あれば、参加してみるといいと思います。そういう集まりがなければ、自分が主体になって呼びかけてみてください。施設にそれを要求してみてください。「そんな勇気はない」なんて言っていたら、ずっと親友なんて見つかりませんよ。

なぜなら、心からホンネの言える親友は、ともに困難を乗り越える、その途中で見つかるものだからです。自分は何にもしないでいて、むこうから親友がやってくることはまずないと、私は思います。

集まりは、はじめはグチを言い合うだけでいいと思いますよ。「問題意識」を持って、「格調高く」なんて言ってたら、人は集まりません。まず集まって、素朴な思いを、語ることが苦手な人のことばは、出るまでじっと待つといった姿勢で、作っていきませんか。

この姿勢は、子育ての中の子どもとのつきあいとそっくりです。ゆっくり、相手の言い分を、待つ。その中から「本音」は伝わります。人との繋がりの第一歩は子どもとのつきあいにあると、私は思っています。そういう意味ではお母さん同士というのは、わが子と相手の子どもとの競争意識さえなくせば、一番深い繋がりを作れるのではないでしょうか。子どもが教えてくれるリズム、方法、それらを大事にまず自らが歩き出してみることです。大丈夫ですよ。

学校の保護者会に行くのが憂うつです

子どもが小学校に入学して半年、学校にも慣れ毎日楽しく通学しています。授業参観や保護者会が多く、度々お便りがきます。パートで働いていますし、下の子がまだ小さいので、なかなか参加できずにいました。授業参観は、「うちの子だけ親が来ていなかったら…」と不安になるので、できるかぎりは調整して行っていますが、保護者会などは後日プリントでも同じ内容を知ることができるため、ついつい欠席してしまっていました。

でも先日、時間のやりくりができたので保護者会に参加したところ、もうすでにクラスのお母さん方は顔見知りになっているらしく、「〇〇ちゃんのお母さん、こんにちは～」と何人もがにこやかに挨拶を交わしていました。娘からは仲良しのお友だちの名前を聞くことはありましたが、そのお母さんがどの方なのかもわからないので、話しかけることもできず…。私はポツンとはじの方に腰掛けました。子どものことで学校に行っているわけで、ママ友だちを作りに行っているわけではないことは頭ではわかっています。でも、こんな思いを毎回するのかと思うと…。お便りがくるとため息をつくようになってしまいました。

（33歳母、小1・4歳の女児）

学校は子どものためのもの　お母さんの社交場ではない

お気持ちはよくわかります。でも、仕方のないことじゃありませんか？　仕事をしていて、しょっちゅうは行かれないのは、ちゃんとした理由ですよ。子どもに無関心で行かないわけじゃないのですから。

あなた、えらいですよ。授業参観にいつも行かないのは子どもが不安がるからと、仕事を調整して行っておられます。仕事の調整ということがどんなにか気を使う大変なことかわかるから、ああ、がんばっておられるのだなあと思いました。おっしゃるとおり、プリントで内容がわかることならいちいち顔を出さなくてもいいのです。

しょっちゅう顔を合わせる人たちがにこやかにあいさつしているのは当然です。あなたも「○○の母です。いつもお世話になっています」とあいさつをして、席に座っていればいいことです。

学校は子どものためのものであって、お母さんの社交場ではありません。保護者会で新しい問題でも提起されたら、そのつど、ひとりの個人として意見を言えばいいのです。親同士の「お仲間」なんて、私は少々気味悪いです。

あなたのお手紙でひっかかるところは「こんな思いを毎回するのかと思うと…」というところです。どこが「こんな思い」なのかという点です。

子どものクラスはこれから何回も変わります。もちろん学年も上がっていきます。新年度の度に「はじめまして」となるのが、学校の親同士のつきあいなのです。

一見なかよく見える親同士が陰では悪口を言い合っていたり、1～2ヵ月でけんか別れしていたり、いろいろ見てきました。親も学校でなかよくなんて、不可能ですよ。

ただ、親同士がホンネを言える関係を作ることもたいせつです。特に子どもの学年が上がって、「いじめ」などの問題が噴き出したとき、親同士の心からのつきあいが、その解決に重要な役割を果たします。

しかし親同士のホンネのつきあいは、ＰＴＡで同じ仕事をする中で、もめて、ときにはけんかもして、でもともに何かをなしえたときなどに達成されるものです。授業参観や保護者会のみで、つきあいが得られることはないと思ってください。

これから先、仕事の調整が可能で、あなたの条件が整うなら、ＰＴＡの委員も引き受けてみてください。ずいぶんと学校の景色が変わって見えます。

無理をすることはありません。一番たいせつなのは親子・夫婦が生活をしていくことです。いわゆる「食べていく」ことです。仕事はそういう点で最優先です。そのために学校に行かれないなら堂々と子どもさんにそう言ってやってください。

その上でやりくりできるなら、学校に顔を出してやってください。その度に「はじめまして……」とやりながら。あなたに友だちができて、ワイワイしゃべる人を見つけるためなら、学校はそんな場じゃないので行くのをやめたらいいと、私は思います。

子どもの授業参観に行ったら、おしゃれして、香水をプンプンさせて、後ろでずっとおしゃべりしている人たちがいました。何のために来ているのだろうと、私は思いました。私は「静かにしていただけませんか」と言いました。ジロリとにらまれました。そしておしゃべりはすぐまた始まりました。

列の一番後ろの男の子が、その人たちに向かって「静かにしてください」と、ドスのきいた声で言いました。おしゃべりはピタッとやみました。私は心の中でその男の子に「おぬし、やるな！」と、拍手を送っておりました。

ひとりでいいじゃないですか。わが子とその環境を見に行くんでしょう？

夫の実家に足を運ぶのがおっくうです

夫と子どもふたりの４人暮らしです。姑はにぎやかなことが好きで、夫の兄一家（子どもふたり）と住む実家に、たびたび全員集合しようと誘いがかかります。夫の実家は車で3時間くらいの場所にあり、泊まりがけでないと無理な距離です。３連休やGW、夏休みや年末年始などのまとまった休みは、必ず姑から誘いの連絡が入り少々うんざりしています。

姑は「いい人」で私のことをかわいがってくれ、娘たちも兄夫婦の子どもと遊べるので楽しいようですが、私としてはやはり気を使うし疲れます。せめて年に1～2度で勘弁して！と言いたいのですが、近くにある私の実家にはしょっちゅう顔を出しているので、余計言いにくい雰囲気です。夫にうまく理解してもらうにはどうしたらいいでしょうか。

（32歳母、４歳・３歳の女児）

ときどき顔を出せば十分　夫とじっくり話し合って！

こういうお姑さん、いっぱいいますが、困りますよねえ。人生の幸せは血縁がいっぱい広がって、その一族が集まってにぎやかに語り合っていることだと信じておられるのでしょう。昔ながらの「一族繁栄」を良しとしておられるのか、うちはみんななかよしですよとまわりに言いたいのか……。

私も「お盆」と「正月」が大嫌いです。ふだん往来のない親戚が集まって、ごちそうを作って、その場かぎりの会話をして、残るのは疲労のみということが多いからです。「家族」という幻に縛られて、「個人」を消さなければならない上に、女性は「嫁」という役割も持たされるから、やってられないのです。私なんかは最初から「嫁」は降りて、どちらかといえば「悪い嫁」としてやってきましたから、数十年もたったいまはラクです。でも、はじめはけっこうきつかったですよ。

それでも、こういう集まりを子どもたちはけっこう楽しみにしています。成長してからもいい思い出と思っている子もいます。何より、姑やその姉妹たちが高齢になってきますと、日常で一番助けてもらうのは近くに住む親族だったり、近所の人だったりします。老親をこっちに呼ぶのもなかなか難しく、結局は親の「まわり」の人たちに助けてもらいながら、ヘルパー制度など公的なものも利用することになります。

いまからそんな先のことまで考えなくてもいいかもしれませんが、あなたのご両親はあなたがそばにいるから安心でしょうけど、夫さんのご両親はどうなのでしょうか？　昔風に同居している長男ご夫婦がいるからＯＫ、ということなのでしょうか？

どっちにしても、いずれは老いていく親たちです。その親を結局は助けてもらうことになる人たちとの関係を作るためにも、ときどき顔を出すことはたいせつなことだと思います。

ただ、あなたのお姑さんは、少しやりすぎです。せめて年に一度ぐらいにしてもらわないと、長男ご夫婦の方が大変です。よく「長男の嫁」ということばが使われますが、本当に大変なのです。お姑さんはわが息子たちを集めて「いい人」でいられますが、準備・世話・片づけはほとんど「長男の嫁」の肩にかかってきます。私のような「悪い嫁」ならちゃんと抗議もできますが、なかなかそれを「つらい」とか「しんどい」とかは言えないものです。年末年始にみんなが帰ったあと寝込んでしまう「嫁」さんもいます。

お互いにしんどい、しかも女性たちが一番しんどいところに追いやられてしまうのを、同じ女性である姑が気づかないのは情けないですよね。おそらく「私もずっとそのくらいのことはやってきた」と思っておられるでしょうが、身体の弱い「嫁」さんなどは本当に大変なのです。

こんなとき、悪い立場になりたくないとみんなが思うからどんどん苦しくなるのです。あなた自身も、夫にも申し訳ない、子どもの楽しみも奪えない、何より姑の気分を害したくない、などと、全部に気を使うから、どんどん苦しくなって、「いい人」であるはずの姑を嫌いになっているのではありませんか？

夫にうまく理解してもらうことなどまず不可能です。「私も、兄嫁さんも疲れることだから、年一回にしましょう」と、夫に提案してください。夫が怒っても、まわりから少々悪く言われても、長い目で見れば、その方がずっといいです。このまま我慢していたらいつか爆発します。私はそっちの方がよっぽどこわいです。

まったく行かないって言ってるわけじゃない、親の老後のことも視野に入れてる、でもいまの要求はあまりにも負担が大きいと、きちんと夫さんと話し合うことです。あなたの実家とすべて平等になんていくわけがない、住んでるところが違うんですから……。わからない夫さんならわかるまで話してください。

サッカークラブで「不公平」と言われてとまどっています

上の子が地域のサッカークラブに通っています。そこで割り振られる親の分担に、困り果てています。一応持ち回り制なのですが、練習日にはお茶の用意。練習試合の日には、朝早くから車を出し子どもたちの送迎をします。月に8回練習日があるので、たびたび回ってきます。当番でないときにも「できるだけ応援に来てください」と言われ、時には平日の夜にも会合が開かれます。時間を多く割かなければならない負担と、親同士の人間関係が苦痛です。

先日夫が出張中のこと、私は下の子の発熱のため当番をパスさせてほしいと連絡しました。すると次の週に、リーダー格のお母さんから「忙しいのはみんなも一緒。欠席した分、翌月は続けて当番をしないと不公平だから」と変更シフト表を渡されました。息子は「サッカーが命」状態で練習がとても楽しそうです。いっそのことやめてしまえばスッキリするのですが、主役の息子が気に入っているわけですからそうもいきません。もっとゆるやかな方法の提案を、と考えたりもしますが、そのためにエネルギーを使う気にもなれません。

（40歳母、小3の男児と4歳の女児）

「お互いさま」の思いやりが真の平等

本当に大変ですねえ。親、特に母親が「参加」するのが前提というスポーツクラブ、塾などがあって、苦しいですよねえ。

私の場合は仕事をしていたので、親の送迎などを前提としたことには一切参加できませんと子どもに言ってきました。言わなくても子どももわかっていたらしく、小学校で早朝とか放課後に教えてくれる先生がいてミニバスケットをやっていました。こういう先生はいわばボランティアなので、申し訳ないと思いつつ、会えば「ありがとうございます」で済んできました。

中学校からは、スポーツは部活のみです。その中でも夏休みに合宿があって、母親たちが集まって夕飯を「作ってあげる」などありました。もちろん私は行かれませんし、行く気もありませんでした。体育会系の夫が「せめて飲みものぐらい」と差し入れをしたようですが……。

公立の学校でさえそんなことがあるのに、地域のサッカークラブでなんてなると、きっともっと大変なのだろうなと思いながらお手紙を拝見しました。

下に小さな子どもさんを抱えているあなたには、おそらく限界です。「できる限り」でいいと思います。上の子どもさんもそれはいつかわかってくれますよ。サッカークラブそのものも表面だって「母親参加」と言ってるわけではないでしょう？　だったら、少々の悪口は気にしないでやり過ごすことです。

それにしても気になるのが「不公平」ということばです。リーダー格の人が言ったそうですが、個人個人の実情が違うのに役割はすべて平等にというのは、真の平等とはまったく違う、極めてやさしくない言い方です。あなたに小さな子どもさんがいること、夫が出張だったことなど、知っているはずなのにそういうことを言ってくる人は「リーダー」ではないですね。

いま、他のところでも、この「不公平」という非難の声をよく耳にします。一番ビックリしたのは、ある学校に抗議の電話があったそうです。「今朝7時40分までは学校の事務の人が砂ぼこりの立つ校庭に水をまいていた。でも8時20分にうちの子が行ったとき砂は乾いていて、うちの子の目にゴミが入り、眼科に行くはめになった。水をまくならすべての子が登校するまでまかなければ、不公平ではないか」というのです。

この抗議の大きな間違いは、学校の事務の人が水をまいてくれていたのは好意です。それに感謝することもなく、まくのならすべての時間に……と言っているのは本末転倒、はっきり言えば言いがかりです。でもこんな風に「不公平」ということばが使われます。

これは言いかえますと、真の「平等」が見えなくなっているということです。夫が出張で、幼い子どもを放ってもおけず、やむを得ず「すみません」と連絡しているのですから、「大変ですね。わかりました。やれる人を探してみます」というのが真のリーダーであり、このことばの中の「お互いさま」の気持ちが「平等」の裏打ちとして必要ではないかということです。どんな事情があっても「義務」はまったく同じに果たせ、というのは極めて思いやりのない悪平等と思います。

サッカーというスポーツを通じて子どもたちにチームワークのたいせつさ、仲間への思いやりなど伝えたいと、キレイなことを言う人たちが、こんな思いやりのないこと言っていてはダメですよねえ。

子どもさんにいっぱい話してください。サッカーをやめさせるのはかわいそうですから、お母さんは手伝えないことが多い、でもそのことで悪口言われても気にしないでほしい、そう伝えてください。うちにはうちの事情がある、その中で好きなことはできるだけ応援するから——そういうスタンスでいいと思います。あなたが倒れてしまう方がずっとこわいから。

習いごとをさせることは当たり前？

わが家は「子どもは遊ぶことが仕事！」をモットーに、2人の子どもを自由に伸び伸びと育ててきましたが、小学生となり、習いごとをさせた方がいいのか迷っているところです。学校は普通の公立なんですけど、まわりのお母さんたちの話を聞くとほとんどみんなが習いごとをさせているんです！1つや2つは当たり前、中には英語とピアノ、ヒップホップのダンスや児童劇団と、毎日学校帰りに通っている女の子もいてビックリしました。平日は公文と剣道、土日はサッカーという男の子も珍しくありません。

上の子は活発でスポーツが好きなので、「サッカーか野球クラブに入りたがるかな」くらいの軽い気持ちではいましたが、自分の考えと周囲のあまりのギャップにあぜんとしてしまい、そこまでするか……と思います。私の感覚がおかしいんでしょうか？　もちろん月謝などのこともあるし、何より子どもがヘトヘトになるまで学校以外で勉強やスポーツをやらせなければいけないなんて、理解ができません。かといって親の都合でやらせずにいて、あとになって後悔したくないという気持ちもあります。

青木さんはどう思われますか？

（34歳母、小1・4歳の男児）

子どもの「いま」をたいせつにする

私もあなたと同じ、「子どもは遊ぶことが仕事」と考えています。30年以上も子どものまわりを歩きつづけて書き、語ってきて、ますますそれは信念のようになりました。つまり、時代が進めば進むほど子どもが遊べなくなっていて、そのことが子どもたち、ひいてはその子が大人になったときの人間関係を作る力や、他の人のことを思いやる豊かな感情を育てることを難しくしたと確信するようになったのです。

事実、私のいま31歳になるひとり息子にも、「遊びが一番」と言って、塾やおけいこごとに行く子が多くて遊び友だちがいないときも放ってきました。時間さえあれば子どもは遊びを見つけ、遊び友だちを探していくと信じていたからです。本人の持って生れた性格はもちろんあるのでしょうが、息子は他人と繋がる技術はたくさん持っている人間に育ちました。少々のことで〝挫折〟しても何とか他に活路を見つけていく要領も身につけているようです。私は、遊びの中で身につけていったものだと信じています。

これらの性質がない人はダメだとか言っているわけではありません。私の息子のような〝要領〟は、必ずしもほめられる力でもないのです。ただ、コツコツと勉強するのも苦手、組織の中で地味に積み上げていくのもつらいように見える、そういう意味での「能力」を持たないわが息子には、他の人と繋がる力しか生きる術はないと、私が勝手に思っただけです。息子に言わせればいろいろ言い分はあるでしょう。

何十年も昔は、学力も運動能力もなくても、何とか生きていかれる空間が世の中にありました。その人がいるだけで場がなごむとか、その人のおかげで何となくギスギスしなくて済んだとか、そういう人がいました。そういう人の良さを育て、そういう人の存在のたいせつさを感じとる力は、子ども時代の遊びが育てたのだと、私は思っています。

その意味で、わが子にどんな力が備わっているかいないかまったくわからない、それなら思いっきり遊ばしておこう、そこからきっと生きる技術や体力を身につけてくれるはず——それが私の正直な思いでした。それらは中途半端に幼児期に覚えた英語よりも、いやいややらされた塾の勉強よりも、子ども自身の「やりたいことを見つける力」の部分を育ててくれると思っていました。

こう書いてみると私はとても「教育熱心」な親(?)だったようですねぇ。

あなたは「自分の考えと周囲のギャップにあぜん」とすると書いておられますが、もう20数年前の私の子育てのころから状況はほとんど変わっていません。いまの方が子どもの数が少なくなって、幼児教育産業の側からの誘いが強くなっているので、よけいギャップがひどくなったと思われるのでしょう。

私は、塾やおけいこごとを全部ダメなんて思ったこともないし、言ったこともありません。言ってきたことは、それらよりも「遊び」の方がたいせつだという一点のみです。遊ぶ時間もなくなるほどの塾や習いごとはひかえた方がいい、その子の体力、住んでいる街の状況、親の状態(経済力や送迎のことも含めて)などを考えて、やれる範囲でやればいいことだと思います。

いまの人たちのまちがいは、「いまやっておかないと子どもがかわいそう」という考え方です。子どもが自ら本気でやりたいということは、そんなに多くないはずです。それをやらせなかったら「かわいそう」もありかなと思いますが、むしろ現実は、あれもこれもやらされて「かわいそう」です。

「お母さんがそんなだから……」と、幼稚園の先生に言われて

先日は、息子が通う幼稚園に来ていただきまして、ありがとうございました。お話の一つひとつが心に染み入り、その後も折りに触れ思い出しています。最後の質問の時間、私も手を挙げたかったのですが、園でのことをその場で話すわけにもいかずあきらめました。お手紙で相談させてください。

息子は、幼いころから食べることが大好きで、はじめてのメニューでも好奇心いっぱいで何でも食べる子です。唯一苦手なのがスイカで、「見るのもイヤ、においもぜーんぶキライ」です。家では無理強いはしていません。給食のデザートに幾度か登場した時にも、手をつけなかったそうです。お迎えのとき、担任の先生からそのことを言われ、軽く「まあ、ひとつくらい苦手があっても……」と言ったら、「お母さんがそんなだから、困るんですよ」と言われてしまいました。その後も、その言葉が頭のなかでリフレインしてしまい、暗い気持ちになっています。私自身は、こんな瑣末なことといいじゃない！　とも思うのですが、子どものことを、私のせいと指摘されるとどうしたらいいかわからなくなります。

（35歳母、5歳の男児と3歳の女児）

母親としての力量だけでなく、
わが子も責められた気持ちになってしまうつらさ

お手紙、ありがとうございます。園や学校での講演会、けっこう質問するのはむずかしいですよね。園長・校長が居たりするし、何よりも子ども同士のトラブルについて質問したいとき、当事者がその場に居ることも多いですし……。

ほんとうはその場で話し合えたら一番いいのですが、みんなには話せない細々とした事実もあるから、結局は話せないことになりますね。

あなたのお手紙に対する返事は、「気にしない方がいい」というものになります。子どもの好ききらいをなくそうという先生や親たちの「熱心さ」はわかるのですが、あまりに行きすぎてしまうことが多いので、私は心配しています。

たとえば肉類・魚類をすべて食べられない（アレルギーなどの場合は別ですが）などと聞けば、栄養の基になる食品ですから心配するのはわかります。野菜類はすべてダメというのも、種類としても量としても心配になります。

しかしあなたの子どもさんが今食べられないのはスイカです。スイカにどれだけの栄養があるのかわかりませんが、デザートのスイカ（おそらく分量としても少しでしょう）を食べないことがそれほど大変なこととは、どうしても思えません。

私も子どものころから好ききらいが強くて、母から叱られました。ゴボウ、シイタケ、イクラ（などの魚の卵類）、ウナギなどなど、いっぱいあります。今でもウナギやイクラは食べられません。高価な品なので助かっていますが……。ゴボウは今は大好きな食品です。シイタケは今でもダメで、五目寿しに刻み込まれたのでも引っかき出して残します。ちなみに、息子に「好ききらいは許しません」なんて言ってた私の夫は、今でもピーマンを炒飯などに刻みこまれたものまで引っかき出します。

要は、好ききらいの量と種類の問題です。スイカが苦手なんて、そのうち変わることもあるし、何より「大したこと」ではないと、私も思います。

ただ、幼稚園の先生の言いたかったことは栄養のことだけだったのでしょうか？　一生懸命食事の用意をしてくれた人に対する感謝の気持ちも伝えたかったのかもしれません。そう言われても子どもは「ハイ、わかりました」と、きらいなものを食べられるようになるわけではありませんが、大人としてはもう少し対応の方法があるような気もします。

たかがスイカですが、作ってくれた人がいて、好ききらいをなくそうと心配してくれる人がいるわけですから、「そうですね。なぜかスイカをイヤがるんですよ。もったいないことだし、子どもには言ってきかせてるんですが……。ご心配いただいて、ありがとうございます」ぐらい、言う方がいいと、私は思います。

そんなことくらい、きっとあなたはわかっておられると思います。あなたがこのとき素直になれなかった（だから言われたことがリフレインするんでしょうね）理由は、幼稚園の先生の言い方にあると思います。「お母さんがそんなだから、困るんですよ」ということばです。

このことばのうしろには「母親ならもっとしっかり子どもの好ききらいをなくす育て方をしなさい」という、強い意思（別の言い方では強迫的言語）があります。それがおそらくあなたのどこかに触ってしまって、イライラさせるのでしょう。

その気持ち、よくわかります。子どものことについていろいろ情報を流してくれたり、アドバイスしてくれることはうれしいのですが、「母親ならこのくらいのこと」みたいなニュアンスが加わると、ガックリきます。私という個人が無知だったことを責められるのは仕方ないと思えても、母親としての力量を責められると、わが子もいっしょに責められた、あるいはわが子がかわいそうという気持ちがあふれてしまうからつらくなってしまうのですね。幼稚園の先生の言い方に、私だけでなくわが子も否定されたように思ったのでしょう。

ほんとにスイカがきらいでどうこういう話ではないはずです。バカバカしいことで、私たちはボタンのかけちがいをしてしまうのですね。

あなたの方が少し大人になって、「ほんとに、何でスイカの一切れぐらい食べられないのでしょう。せっかく作ってくれるものなのに。子どもにはよく言っておきます。すみません」ぐらいで、やりすごしてください。そして子どもさんにはスイカが出てくる度に（家やレストランで）、「おいしいのに、キライなのねー、いつか食べるようになるかもね」なんて、一言だけ声をかけてやってください。気にするほどのことではないと思います。

娘と夫の距離について

夫婦の関係と、夫と娘の関係に悩んでいます。

夫は、自分の両親や姉ともそりがあわず、ほぼ没交渉です。仕事も大手企業の研究所勤務でしたが、周囲となじめず、今は関連会社に出向中です。私に対しては、今だにいつも一緒にいたがり、うっとうしいくらいです。一言でいうと「変わり者」で、「まだ子ども」です。私が再婚で4歳年上でもあり、細かなことには目をつむりながら甘やかしてしまったのも原因かもしれません。

娘は、今の夫との間に誕生しました。今小学5年生です。夫の転勤のため、幼稚園時代に一度、その後2年前にも転校しましましたが、外ではそれなりに新しい居場所をつくり、友だちもいるようです。困っていることは、幼いころから父親が苦手というか、気を許していないことです。家族で旅行したり、食事に出かけた折りには、一見普通に会話してはいます。

3年前の秋、どうしても娘を連れて出かけられない用事ができ、「パパとお留守番しててね」と、前日に娘に話しました。すると、みるみる顔がゆがみ「おねがいだから、パパと2人にしないで！」と涙声。ふだんは、ちゃんと話せば納得してくれる子なので、それ以上説得できず、結局近所の友だちの家で遊ばせてもらうことにしました。

その後も同様です。今は、私の実家近くに転居したこともあり、「パパと2人」になりそうな時は、さっさとおばあちゃんちへ行ってしまいます。夫は、娘のことをたいせつに思っているようです。ただ、「こうあるべきだ」的な机上論が多いことや、娘が、片づけをしなかったり勉強を後回しにするなどのささいなことで、時々「キレる」ことがあります。私に対しても同様です。夫の予想できない言動におびえて、私を盾にする気持ちも理解できるので、娘がかわいそうです。

今、私ができることは、夫と話し合うことだとは、よくわかっています。それができれば問題はないのですが……。夫の性格ゆえの会社での苦労や軋轢が、ますます加速化しているように見受けられ、私に対して暴言を吐くこともあります。話し合うことでまた「キレられて」しまうのではと、勇気ときっかけがありません。「まだ子ども」は、「成長」するものなのか、娘の今後についても心配です。

（46歳母、小5の女児）

まず、あなたが夫との関係を作り直してみて

「まだ子ども」という夫さんは、今は40歳ぐらいですか？　あなたは「まだ子ども」と思っておられても、社会では立派な「大人」ですよねえ。お手紙の中にいろいろなことがつまっていて、どう返事を書けばよいのか、私も迷っています。私なりに問題を整理しつつ書いてみます。

①まず、あなたは一番の問題を「娘と夫との距離」に置いておられますが、一般的に思春期に入ろうとする女の子と父親はトラブルが多くなります。性的な成長の中で起きることで、お父さんの入ったおふろに入りたくないとか、お父さんと同じ部屋で呼吸したくないとか、父親の身体をイヤがる傾向が高くなります。

　この種の距離の悩みなら、数年たてば解消していきますから放っておけばいいことなのですが、あなたの真の心配は、夫の人間性の部分と娘さんが合わないと捉えているところにあるのではないかと、私は推察しました。もしそうなら、何とか考えていかなければならないことですね。

②夫さんの性格的な部分なのでしょう。多少まわりの人に垣根を作ってしまうところがあるようです。職場でも「変わり者」と思われているとすれば、きっと職場で夫さんは気疲れしていることと思われます。

その疲れも重なって、性格的に「きちんとした」部分で、娘さんに「こうあるべきだ」と、成長期の子どもがいわゆるウザイと思ってしまうことを言ってしまうと思われます。それもまた子どもが思春期に入るとき起こりうることなのです。娘さんに「お友だちの家」とか「おばあちゃんの所」とか〝逃げ場〟があってよかったと思います。

③あなたは夫さんを「まだ子ども」と表現されますが、正直言って、あなたの問題の一番のところは、あなたの姿勢にあるのではないでしょうか。ご自身が年上ということもあって、夫さんをとても冷静に「分析」しておられます。「周囲となじめず」「私と今だにいつも一緒にいたがり」「うっとうしいぐらい」「細かなことには目をつむりながら甘やかしてしまった」など、どこか親が子を見るような眼が感じられます。

「周囲となじめ」ないから出向なのですか？　他に原因はないのですか？　つまり職場で夫さんはつらい目にあっているということはないのですか？

「私といつも一緒にいたが」るのは、あなたといるのが楽しいからではありませんか？私の夫もいつも私といっしょ（私が片眼不自由になってからは仕事先にいっしょに行ってくれますので文字どおり一日中いっしょ）ですが、「悪いね」と私が言うと、本心かどうかはわかりませんが「いや、あんたと歩いていると楽しいことが多いから」と言います。私はそれを疑うことはせず「ありがとう」と言って、助けてもらいます。夫はこんな私を「うっとうしい」と思っているかも？　なんて、考えたくもありません。「そばにいてくれる」と思っているのですが……。

「甘やかした」とは、具体的にどういうことを言うのですか？　もしかしたらあなたは、夫さんにその時々の言いたかったことを全部自分の胸にしまってこられたのではありませんか？　自分が再婚ということを負い目に感じておられたのだとすれば、それはまったく要らないことなのに……。

その時その場で、自分の本心を言ってしまうと相手が傷つくと思って、ずっとそれを言わないでいると、不思議なことに相手の方をきらいになってしまうことがあります。抑圧してしまった自分の気持ちにつりあいを求めるのでしょうか。相手のちょっとしたことにイライラしてしまうことがあるのです。

「娘」さんとの距離というより、あなたの悩みは、あなたと夫さんの距離にあるのではないでしょうか？　そうだとすれば、あなたもおっしゃっているように話し合うこと、それも時間をかけて話し合うことがたいせつです。そして大事なことは「夫の性格ゆえの」トラブルなどと決めつけないことです。まず、夫さんの生い立ち、職場での状態など、親身になって聴いてやってください。私の勝手な推測ですが、あなたの「再婚」からくる気づかいと、「年上」からくる決めつけが、夫さんをイラつかせ、暴言になったり「キレる」ことになったりすることもあると思います。

いい大人が、大人の判断でいっしょになったのです。「再婚」も「年上」も関係ないのです。あなたと夫さんと出会ったときからつきあいが始まったという当たり前のことを思い出して、本音でぶつかってください。まだ、あなたは夫さんに対して対等な大人としての本音をぶつけていないように、私には思われます。

もしかしたらお互いに「まだ子ども」なのかもしれませんね。でも、そんな言い方してると、子どもたちから怒られます。そういう意味では私たちは子どものときから変わらないのです。いつも学びの途中で、成長の途中です。そして多くの人がその途中のまま人生を終えます。大人であることは、ほんの少し社会の仕組みを知っているぐらいのことです。

お互いさまというところで、正直に話し合ってください。娘さんの、父親への不安感は、あなたの夫への不安感によるもののように思います。まずあなたが夫との関係を作り直してみることが重要だと、私は思います。

いま、思うこと

気がついてみると何と33年間、その時代の子どものこと、教育のこと、歩き、聞き、考え、書き、語ってきました。年月の割に私の到達しているいまのところはあまりにも思慮が浅く、あまりにも勉強不足で、そのことにア然とします。文字どおり穴があったら入りたい心境です。

それなのにやっぱり書き、語っているのは、もはや「ひらきなおり」です。書いてほしいという人がいるから書き、話しに来てほしいという人がいるから行く、そんな感じです。書きはじめたら一生懸命書くし、しゃべりはじめたらどこでも、真冬でも汗をかいてしまうほど懸命にしゃべります。だから、力をぬいて何にでも応じているというほどの〝度胸〟はありませんが、一生懸命なら許されるというものでもありません。

子育て、教育、つまり子どもをめぐる状況は、ほんとにしんどいことが多くなっています。当然、親、とくに母親も追いつめられています。子育て以前の出産をめぐる状況も私たちを不安にさせ、命を落としたお母さんもいることが報道されています。救急車の搬送先が見つからないなんて、そんな時代が来るとは思ってもみませんでした。

そのうえ子育てをめぐる母親への情報による締めつけ、母親同士のつきあいの難しさ、母になったその人個人の持つ、生い立ちからくる自信のなさなど、問題は広くかつ深くなっているように思います。

それらの一端が、この小さな本の中にもあらわれていると思われますが、いま、子育て中の人たちに、あるいはいまを生きる女性たち（もちろん男性も）に伝えたいことを、いくつか書いてみます。いささかオーバーですが私はこの数年、この原稿が最後になるかもしれないという思いで書いています。現在体調が悪いわけではありませんが、'08年の初め、見える方の眼（片方は眼底出血でほとんど見えません）が、すべてのモノが二重に見えるという状態になりました。眼科から脳神経科にまわされ、さまざまな検査を受けました。

結果として原因はわからずじまい。そして症状もゆっくりおさまっていきました。講演・講座をいくつかドタキャンして、迷惑もかけました。ＭＲＩというのでしたか、脳の検査をする、ひどくさわがしい機械の中に入って、いろいろ考えていました。もう、何が起きるかわからない年齢なのだ、とくに体は丈夫ではなかったし……と。

以来、これが最後の文章かなとふと思うことがあります。いつもそう思うというほど力が入っているわけではありませんが、どの仕事も後悔しないようにやろうとは思っています。そういう思いで「いま、思うこと」を３点に分けて書きます。

１　「早寝早起き朝ごはん」

首都圏のあるまちで講演したとき、ひとりの女性が発言しました。

「小学生の子どもが夏休み前に学校から１枚のカードをもらってきました。見ると、朝ごはんにおかずが３種類あれば赤丸、２種類だったらピンク、１種類なら○○色という風に、その日の食事のおかずについて調べるカードだったんです。私、ものすごく不愉快でした。青木さんにうかがいたいのは、ここですごく不愉快になる私がおかしいのかどうかという点です。不愉快にならないで、毎朝一生懸命おかずを何種類も作らなければならないのかどうかという点です」

この発言を聞いたときまっ先に思ったのは「とうとうここまで来たのか」というものでした。そしてため息がでましたが、ため息ついている場合じゃないと自分に言い聞かせ、こう言いました。

「不愉快に思って当然だと思いますよ。家庭のこと、しかもおかずを何品作るかまで学校から評価される、しかも子どもがそれを点検するようなやり方には、私もハラ立ちを感じます。家庭のあり方までとやかく言われる筋合いはないのですよ」

参加者の多くがうなずいていました。私にとっては娘といってもいいような年代の女性たちでした。質問をした女性は何人かの仲間と学校に問合せをすると言いました。よかったと思いました。「教育」という名目で家庭を、母親を、女性を縛りつける流れのスピードの速さも気になるけれど、それを「おかしい！」と気づくアンテナを持つ人も増えていることを感じたのです。

この、おかずが何種類かを子どもに〝点検〟させるやり方は、'06年4月に「民間主導」といいながら実体は文部科学省が作った「早寝早起き朝ごはん全国協議会」の活動の流れから生れたものと思われます。この協議会が作られる前史（あるいは並行）として、'06年秋の教育基本法改「正」があります。戦後はじめてこの基本法に「家庭教育」の項目が加えられました。

私はこの改「正」に反対しました。いまでも元に戻せるものなら戻したいと強く願っています。家庭のあり様を国がとやかく言う時代は決してよい時代ではないと思うからです。果たして、指導要領の改訂など、子どものためという名目で家庭のあり様を教育機関がとやかく言う流れが強まってきています。
「早寝早起き朝ごはん」というかけ声自体は悪いことではありません。しかしこのかけ声は結局のところ、家庭の中のお母さんにすべてかぶさってくる中身なのだということに気づきたいのです。

「子どもがひとりでサッと起きられるようにするには、どうすればいいでしょうか？」とか、「何を作っても朝はボーッとしていて何も食べてくれません。ついイライラして子どもを朝からどなってしまいます」とか、「仕事が夜勤明けのとき、子どもの朝ごはんをちゃんと作ってやれません。私は母親失格です」とか、「いくら言ってもテレビゲームをやっていて早く寝てくれません。つい親子ゲンカになります。どうすればいいでしょうか」などの声を、ずっと聞いてきました。

それらの声に一つひとつ「あなたは、このままいったら子どもさんが起きられない人間になるのではないかと心配しておられるのではありませんか？　そんなことはあり得ません。好きなものが見つかったり、好きな人ができたりしたら、放っておいたって歯もみがく、身支度も整える、そして飛び起きて出かけていくようになります。いまは起こしてやってください」とか、「子どもの年齢にもよりますが、夜勤明けのあなたが何種類も料理を朝から作るのは元々むりなのです。夫にも手伝ってもらってください。下準備だけでもまとめてやっておけば子ども自身が作ることも当然あっていいんです。あなたひとりが完ぺきに作らなければ、なんて思っていたら、あなたがつぶれてしまいますよ。いっしょに生活しているのですから、共に助け合えるよう主張してください」とか、「ゲームはひかえろとそのつど、短く言い続けてください。１回や２回言ったくらいでハイ、わかりました、にはなりません。短く言いつつ、あなたが眠いなら先に寝ればいい。そして翌朝、ブツブツ言いながらでも起こしてやってください。そのくり返しの中で、子どもは大きくなっていきますよ」などと答えてきました。

つまり、子どもがひとりでパッと起きられて、朝からごはんをモリモリ食べて、夜はひとりでサッと寝るなんて、そうたくさんはあり得ない姿です。私はこういう大人の願いを先どりして動く〝いい子〟を、幻の子ども像と表現してきました。そう、「早寝早起き朝ごはん全国協議会」の言っていることは、幻の子ども像を追っている、正確には、幻の子ども像を親に押しつけていることなのです。

さらに問題なのは、こういう子どもは、悩んだり、迷ったり、怒ったり、哀しんだりするヒマがないということです。こんな子どもを良しとするということは子どもに「悩むな、迷うな、感情を出すな」と言っていることになります。つまり、子どもに「考えるな」と言っていることになるのです。

私流の言い方をすれば、だからこういう像に適応した子ども時代を送った人ほど、自己を管理できなくなる可能性が高い、うまくいっている時はいいけれど、ちょっと〝挫折〟するとすぐ爆発してしまう（感情のコントロール術を身につけていないから）ことも起きているということです。

心配ごとがあって、いろいろ考えて、夜眠れなかった、でも母さんに起こされて、眠いなあとボーとしたまま朝ごはんも食べられなくて、ボンヤリ学校に行ったら、昨日ケンカした友だちがにっこり笑ってくれた……うれしくてその友だちに夜メールしていたらまた寝るの遅くなって……こんな中で子どもは成長するのでしょう。

確かに親自身が昼夜逆転した生活をしていたり、育児放棄としか思えない人もいます。「早寝早起き朝ごはん」は、そういう人たちへの呼びかけだという言い方もあります。しかしそういう人は、通常このかけ声を連呼しているような場所には来られないのです。来ている人はむしろ、ふだんからわが子に「早寝早起き朝ごはん」を熱心にやっている人たちが多いでしょう。

だとすれば、ちょっと問題ありの子どもがいて、その親が朝ごはんを作れない（作らない）人だったら、「あんな親だから子どもがおかしくなるのよ」という言い方になってしまいます。これは子どもにとっては何のプラスにもなりません。その子はその親を選んで生れて来たわけじゃないのに、まるでその子が悪いかのように言われ、差別され、キズついていきます。こういうかけ声運動の一番怖いところです。

そして、今までだって熱心に朝ごはんを作ってきた女性たちが、さらに熱心に、おかず3品を5品に、とがんばってしまうことになります。こういうがんばりはお母さんを疲れさせる以上に、子どもを疲れさせます。がんばったお母さんは必ずといっていいほど、「お母さんは毎朝5時に起きてがんばっているのに、なぜなのよ、この成績は！」と思ってしまうからです。

ほどほどでいいのです。子どもを産んだ以上は最低限、衣・食・住は保証してやりたいと願います。それも不可能という人も多いのですが、それならそういう人をどう助け得るかと考えたいです。キレイゴトのかけ声で、そういう人をさらに苦しめることの怖さをこの種の運動に感じます。

ときには朝ごはんを作ってやれないことも当然あります。「悪いけど、今朝はパンと牛乳だけにして」という日も当然あるのです。みんな生活があり、なま身です。朝からおかず3品用意できなければ〝悪い母〟なんて言われたら、生きていかれないです。

こういうかけ声、情報に踊らされない親でありたいと思います。声高に叫ばれる正論ほど怖いものはありません。うちはうちのやり方で、やれる範囲で、生活を自分たちの自由の中で創っていきたいと思います。

2　いま子育て中の人たちへ――「いじめ」について

とても微妙なことを書きます。うまく書けるかどうかわかりません。でも、ぜひここは伝え残したいと思っているところです。

いま子育てまっ最中の人たちからよく発せられる疑問に、「いじめられないようにするには、どうすればいいですか?」「いじめられていると思ったとき、親としてはどういう行動をとればいいでしょうか?」というものがあります。不安な気持ちはわかります。

しかしこの疑問そのものにも大きな問題が含まれていると、私は思います。

①　そもそも「いじめ」とは何なのか。「けんか」とどう区別しているのか。

② 「いじめられる」ことばかり気にしているけれど、数の上では「いじめる」側になることが圧倒的に多いのに、わが子は「いじめ」をしないと思っているのか。

などです。

①については、「いじめ」と判断する前提条件があると思っています。「役割の固定化」があるかどうかと、「集団化している」かどうかです。

ふつう幼児の中で「いじめ」は存在しません。上記の条件がほとんど存在しないからです。ただときどきですが、1対1のとき（ふつう1対1はけんかです）に、片方の子が体力が強くて、いつも同じ（体力がそのとき弱い）子どもに暴力的な態度をとったり、すごいことばをかけ続けたりということが起きます。そういうときは、幼児の場合は大人が「そんなことはやってはいけません」と言ってやめさせてください。すぐやめることはなくても、ほとんどの場合、やってた側の子はハッと気づいてやめていきます。そしてまた別の子に向かったりしますが、そのときは、また気づいた大人が「そんなことしちゃダメ」と注意をくり返してください。時間をかけて……。

たいせつなことは、こんなときすぐ「あの子はランボーな子だ」と決めつけないことです。そしてお母さん同士がそのことでけんかしたりしないことです。幼児の場合（私は小学校1年生ぐらいまでをそう表現してきましたが）自分の力の加減がわからないことが多いのです。ましてや自分の関心のある子とのつきあいの方法なんて身につけているはずはありません。自分が他の子より力があるなんて認識もないまま、今日遊びたい子の手を強くひっぱったら、その子が痛くて泣いちゃった、そして自分には「ランボーな子」というレッテルが貼られてしまった。なんてケースは山ほどあります。いつかわかることです。気を長く、大人が接していく必要があると思います。

結局、幼児のトラブルのほとんどはけんかです。そしてこの時期のけんかは必要な体験だと、私は考えています。真の「いじめ」を取材すればするほど、幼児期のけんか体験がどんなに大事かがわかってきました。

子どもは幼児期にけんかすることで、2つのたいせつな力を身につけていきます。1つは、「違い」を知ることです。Aちゃんは2、3回殴られてもケロッとしている子、Bちゃんは必ずやり返してくる、Cちゃんは殴るポーズをしただけで泣いちゃう——そんなことを知りながらBちゃんはちょっと「こわいぞ」とか、Cちゃんは殴っちゃいけないな、とか学んでいきます。Aちゃんはケロッとしているからかまわないと思ってやっていたら、半年ほどたって急にやり返されたりして、なんて学んでいくのです。

もう1つは「限度」を知ることです。先述したケースですでにそのことも学んでいますが、実際のけんかの中で、これ以上やったら泣いちゃうとか、これ以上やったら先生に怒られるとか、これ以上やったら血が出るとか、具体的に身につけていきます。そう、子どもたちはこういうもつれあい、関係性の中で、社会をつくって生きる人間という生きものの最初の力を身につけていくのだと、私は思います。

幼児の場合は、ちょっとランボーだなと思ったらそのランボーは止めてください。そしてたいせつなことですが、またその子と遊ばせてください。ちょっとランボーだと、あるいはその子の母親がそれを止めなかったりすると、その子と引き離してしまうこと、これを「大人の介入」と、私は言ってきました。介入はよくないです。だって、子ども同士が学ぶチャンスを奪っていきますから。

真の「いじめ」は通常、小学校中学年ぐらいから始まります。集団の中に微妙な力関係ができて、いつの間にか主従のようになり、いやだと思ってもそこから離れられない、離れたら今度は自分がやられてしまう、そういう恐怖に支配されて、大人に見られないようにしながら、時には自分のストレスをその「いじめ」で発散して、「楽しい、スカッとした」などの気持ちも味わってしまう、そしてさらにその行為をやめられなくなる――これが「いじめ」です。幼児のけんかとはまったくちがうのです。

それをわかっていただいたことを前提として、②について書きます。先述の「いじめ」の状態の中で想像してもらえばわかっていただけると思いますが、「いじめ」ている集団の中にすでに「いじめられる恐怖」に支配されている子がいます。つまり単純な「いじめ」だけをするいじめっ子、単に「いじめ」られつづけるいじめられっ子というのは意外に少ないのです。

「いじめ」によると思われる自殺事件とかが起きますと、すぐ「いじめっ子」「いじめられっ子」と、分けて語られます。このことが子どもたちに言わせると「大人は何もわかっちゃいない」ということにつながります。「いじめっ子」を叱って、「いじめられっ子」を保護しながらも「強くなれ」と叱っていては、関係づくりの中で苦しむ子どもを助けることにはならないでしょう。

「いじめ」は子どもたちの「仲間づくり」の問題です。「いじめ」るヒドイ子がいて、「いじめ」られるヨワイ子がいて、ということではないのです。主従の関係にすぐなってしまうこと、従になる子が増えていること、主の子もいつ従になるかもしれないという恐怖に押されていること、たまたまその時、「やめろ」と言えなかったばっかりに「いじめ」のターゲットにされた、何とかここからのがれたい、どうすれば（どういう風に自分を変えれば）みんなは受け入れてくれるのだろう、そう思ってみんなの顔をビクビク見るようになって、さらにひどい目にあう、もうどうしようもない――こういう関係づくりが「いじめ」です。

「弱い」からいじめられるのではありません。いじめられるからどんどん「弱く」なってしまうのです。そう、「いじめ」は「弱い者いじめ」ではなく、「弱い者探し」です。いつも、自分たちより「弱い」存在を作ることが目的なので、教室、部活、塾、どんな集団にも「いじめ」は起きてしまいます。

自分たちより弱い存在を作らなければ、仲間であることの楽しさを味わうことができない、そういうところにもう30年も昔から、この国の子どもたちは送りこまれて生きてきました。勉強でも点数で、スポーツでもレギュラー取りから順位まで、まわりの人より上を目指すことでのみ、自分を確かめられる、そんな状況の中で多くの子どもが生きてこざるを得なかったのです。

一番の問題は「のみ」という点です。上か下かしか判断の基準を子どもに与えなかったことです。勉強は上位になれなくても、いま私は本をいっぱい読みたいとか、ボクは昆虫をじっと眺めていたいとか、野球のチームのレギュラーにはなれないけれど広い空の下でバットを振っていれば楽しいとか、そういう子どもたちを大人が認めようとしなかった、だから子ども同士の中でも認めてもらえない、常に「勝つ」か「負ける」かの二者択一しかない中で「いじめ」はどんどん広がっていったと考えられます。

クラス単位で「勝利」のみ目ざしたら、運動能力がそのときない子は「排除」されてしまいます。登校班がいつも「ちゃんと全員が遅刻しないようにがんばれました」なんて表彰されるようになったら、朝起きるのがそのとき苦手という子は「排除」されてしまいます。いくらでもこの種の例はあげられます。

いろいろな子がいて、いろいろなスピードで、いろいろな成長の仕方をする、それが生きものとしての人間の姿なのです。学者の方はこれを「多様性」と表現します。そして文部科学省も各地の教育委員会も、同じようにこの「多様性」ということばを使います。そして同じ人が同時に「あいさつ運動」だの、「早寝早起き朝ごはん」だの、「みんななかよく」という名の「みんな同じがいい強制」も行っています。子どもの側から具体的に考えていかないから、子どもから遠く離れたところにいる人たちが「多様性」なんてことばのみ使うから、こんなメチャメチャなことが起きてしまうのです。

ここからが、いま子育て中の方に伝えたいことになります。２００９年のいま、幼稚園児、小学生、中学生、高校生を育てている方に伝えたいことです。

それは、この人たちのほとんどは、親になる以前にずっと「いじめ」関係の中で育っているということ。それ故に苦しいことが、親と子の間で生じているということを知ってほしいということとです。そしてここからが、本文のはじめに書いた「わが子がいじめられていると感じたとき親としてどうすればいいか」の答えになるかと思います。

この世代（年代でいえば'65年ごろから後に生れた）の人たちの育った時代は、競争の時代です。それまでの世代の人たちにも競争はありましたが、競争のみではありませんでした。私は、'46年（昭和21）の生れです。この時代の教育は、成績のみでトップになってそれを誇る子は軽蔑されました。少なくとも、多くの親たち（職業は教育者であっても親である人たちも含め）のホンネは、わが子がいい学校に入ったらうれしいということでした。しかしそれをみっともないことに感じる人たちもたくさんいました。大学に行かれない（経済的な意味で）子もいる、弁当を持ってこられない子もいる、そんな社会の中で、自分たちがよければそれでいいなんてことはよくないことだ、ぐらいの思慮はありました。

次の時代はこの思慮をかなぐりすてて、本音むき出しになりました。勝てばいい、上に行けたらいい、それのみになっていきました。こういう場合の本音ということばに繋がったのか、'90年代ごろから私が言い始めた「ホンネで話そう」に抗議する人もいました。私がこのころから言い出したホンネは、その後の時代の推移の中で、相手との距離ばかり計り、「空気を読んで」つきあう人たちに対し、まわりばっかり気にせず本心を語ろうよというものです。少し狭い意味の本音ということばでしたが、戦後の歴史を考えてこられた学者、活動家の方たちには誤解されました。その後の時代の閉塞感に苦しむ人たちからは支持されもしました。

人間を理解するのに、まず出身校を聞くという時代が続いています。人より上か下か、勝ったか負けたか、それのみの価値観で生きてきた人もたくさんいます。そういう時代に子どもだった人たちのつらいところは、自分たちがやってきた友だちづきあい、仲間確認が「いじめ」と繋がるという認識が極めて少ないことです。言い方を換えると、「いじめ」ということを客観視できていないということです。

だから「自分がいじめられてつらかった。わが子が同じ目に遭ったらどうしよう」とまっすぐ不安になっていきます。「いじめ」も「いじめられ」も体験している人も多くて、そういう人は妙に確信的に「何だかんだ言ってもいじめはなくなりません」と言ったりします。つきあいそのものが「いじめ」だったら、確かに「いじめはなくならない」と言えます。人間が人とつきあわなければ生きていかれない生きものである以上、「いじめ」もなくならないと言えるというのでしょう。

でも私は、子どもたちに「いじめ」やめよう！　と呼びかける前に、「あなたたちのつきあい方はおかしい！」と言ってきました。「いじめられている」子からの相談がほとんどでしたが、その子も「いじめ」をやっておりました。だから同じように言いました。「あなた方の友だちづくり、仲間確認がおかしいんだ。そんなおかしなつきあいからは離れた方がいい。ひとりでもいいいじゃないか。いつか本当の友だちは見つかるよ」と言ってきました。

「いじめ」をするヒドイ子、「いじめ」られるヨワイ子という視点は私の中にはまったくありません。強いていえば「みんなとなかよくするフリをするための友だち関係に苦しんでいる子どもたち」と、とらえています。ちなみに不登校のほとんどの原因はこの「なかよしのフリ」に疲れることにあると考えています。

親としてはここを伝えてやってほしいです。たとえば小学校4年生の女の子（このくらいから急に仲間ハズシなどが起きています）から、「いま、ちょっとグループからハズされて、苦しい」なんてことばを聞いたら、「そりゃあ、つらいねえ。でもお母さんは、あなたたちのそういうやり方、ある子をハズしたり、ハズされたりしながら、私たちはグループ（なかよし）よねえ、なんて感じ合うつきあい方が変だと思うよ。学校でしゃべることができる他の子がいる？　クラスのみんながしゃべってくれないなんてことなら、お母さん、担任の先生に話しに行くけど、○○ちゃんとしゃべってるんなら、それでいいよ。グループなんか放っとけば」と答えてやってください。

お母さんに言ってくるなんて、おそらくまだ初期の段階です。このとき、「あなたが弱いからダメなのよ。もっと空気読んで、誰ともうまくつきあわなきゃあ」なんて言ったら、もう子どもは親に絶望してしまいます。そしてつらいのは、こういう言い方をしてしまう人、こういう育て方（あらゆるところでいい子を要求するなど）をしてしまう人がこの年代に多いことです。「いじめ」の中で「ガンバレ、負けるな」と叱咤激励されて育った人が多いからです。

この「負けるな」の中に「目立つな！」ということばが含まれます。一見すると矛盾するように思えますが、真意は「目立たず誰とも距離をうまくとって、明るく、友だちをたくさんつくり、勉強もスポーツもガンバって、勝ち組になれ！」です。つまり「目立つな！」ということばは「勝つ」ための手段ですから、本来は目立ちたい子どもの気持ちを、ここから屈折させてしまいます。

結局は私たち世代が負っていた「理想としては多様な生き方を保証、しかしホンネはわが子はいい学校に行かせたい」というズルさを、もっと拡大した形で、その後の世代が負ってしまったともいえます。

しかし私が言いたいのは、昔（敗戦直後から15年ほど）あった「理想」は見失いたくないという一点です。いまこの文を書いている'08年の暮れは、派遣社員のクビ切り、正社員のリストラなど大きな渦の中です。文字どおり住む所も追い出される人たちが、毎日のニュースなどでとりあげられています。ますます、私たちが学校で教わった「理想」、「他の人の困窮を放っておいて自分だけよければそれでいいのか！」が意味を持ってきています。

わが子が「いじめ」られたらどうしようと不安になる前に、「そういう友だちのつくり方は変だと思うよ」と、一言、言ってやってください。相手の子が悪いとかうちの子が弱いとか言う前に、子どもたち全体がそのことで苦しんでいるという認識の上で、そのつど短く一言、声をかけてやってほしいと、私は思います。

「自分がハズされたとき、一瞬頭がまっ白になった。どうしようと思った。どうすればみんなから認められるのだろう。私のどこをなおせばいいのだろうと考えた。でもふっと、いつもお母さんが言っていた〝あなたが悪いわけでも、友だちが悪いわけでもない。あなたたちのつきあい方がおかしいんだよ〟ということばが思い出されて、そうだ、私が悪いわけじゃないと思えた。そして何とか乗り越えられた」――これは、いま高校生になっている女の子が、中2で起きたことを語ってくれたものです。

自分がハズされたとき、「どうすればみんなの中に入れてもらえるか」とか、「私のどこをなおせばいいのか」と考え始めると、それはもう「いじめ」の渦の中にまきこまれたことになります。自己否定が始まり、どんどん自分をきらいになっていきます。

私たちは真の個人を持たなければならないのです。まわりが何と言おうと、私はイヤなことはしない、そういう「強さ」を持たなければなりません。しかしそれを完成させるまでにはとてもさみしい気持ちを持つときがある、つまり孤独とも背中合わせです。さらに、私だけがイヤだなんてワガママじゃないかという不安を抱えます。

他の人を否定することなく、真の個人も持ちながら……なんて、一見不可能に思えます。でも、そこに立つしかないと私は思います。私個人はポイントを「命」に置いています。赤ちゃん、病気の人、老人、妊婦さん、障がいのある人、いろいろな意味で物理的な力をいま持ち得ない人を優先する、そのうえで私は私の考えを表現しつつ、まわりと繋がって生きていく、つまり優先順位を自分の中でつくってから、ちょっと生きていくのがラクになりました。あまりグラグラすることなく生きていかれるようになりました。現実はしょっちゅうグラグラしていましたが……。

「いじめ」について、子どもの様子が変だと思ったらまわりのお母さんたちから情報を集めてください。大したことでなければ放っておけばいいのです。でもこれは放っとけないと思ったらまっすぐ担任の先生のところへ行ってください。担任が話の通じない人なら教頭先生、それもダメなら校長先生と話してください。それでもダメなら教育委員会です。まず当事者間から積み上げていく、これが人と人の関係づくりです。

その間、子どもさんの心身が危ないと思ったら学校を休ませて、まず命を守っておいて、そこから話し合ってください。学校は命と引きかえに行くところではありません。もちろん学校だけでなく、命と引きかえに行くところなどありえないのですが……。

「いじめ」を体験しているから「いじめ」られないようにするのでも、体験しているから「いじめ」を乗り越える強い子にするのでもなく、「いじめ」という関係性の怖さを伝えていきたいと思います。イヤなことをイヤと言ったら孤立するという状態を変えたい、孤立ではないことを伝えたいと思います。それをやらないと、私たちの子や孫の時代にまた平和を脅かすものが始まりそうで、私は心から怖いのです。

3　球場で思ったこと

私は体質的にお酒が呑めません。酒で自分をごまかし、妻や子どもに暴力をふるう父のもとで育ったことも酒を嫌う理由かもしれませんが、奈良漬ひと切れでも顔がまっ赤になってフラフラになる母のDNAの方に原因はあると思っています。

だから、仲間といっしょに酒場でしゃべったりすることもありません。年に1回ほど家族といってもいいごく少人数で食事をとることはありますが、夫もいま酒を止められていますので、ウーロン茶でカンパイします。

朝は年齢のせいか早くて、仕事でちょっと遠くに出るときは5時ぐらいに起きます。そして洗濯を2回ほどして、食事の用意は夫がしてくれますので、ゆっくり食べて出かけます。その分、夜は早く寝ます。10時にはもうふとんに入っています。まさに私は年とってから「早寝早起き朝ごはん」です。

ときどき、「青木さんはどうやってストレス解消してるんですか？」という質問を受けます。取材とか執筆とか講演とか相談とかがないとき、何をしているのかと疑問に思われるのでしょう。本はよく読みますが、新幹線の中で読む推理小説以外はほとんど仕事といえます。テレビもそう見るほうではありません。

何を隠そう、私の最大にして唯一のストレス解消は、阪神タイガースなのです。40年も昔からのファンで、'85年ごろも楽しかったのですが2003年以降は、夢のような年をすごさせてもらっています。ずっと優勝争いをしているタイガースなんて、夢でした。

忙しいのでそうしょっちゅうは行けませんが、神宮球場、横浜スタジアム、交流戦で西武球場にタイガースが来たとき、夫婦で行きます。それ用のカバンも用意してあって、メガホンも揃えて勇んで出かけます。

もう年なのでさすがに外野では応援できません。立ったまま叫んでいる人が多いし、数年前大阪出張の後、甲子園に行ったのですが、うっかり外野に入ってびっくりしました。ヒットを打ったので立ち上がってワーッと拍手して、ふと見ると座るところがなくなっているのです。これはダメだと、空いていた相手チームの内野の切符を買い直して観ました。

年だからと書きましたが、私がタイガース戦の球場観戦（もちろんテレビはケーブルテレビでほとんどの試合を録画しますが）にはまった本当の理由は、球場には実に多くのお年寄りがいることです。他のチームでもそうなのでしょうか？　私にはタイガースファンが一番「老若男女」が揃っていると見えますが。

どこに行っても、はるかに私よりは年上と思われる老夫婦が、杖をついてかばい合いながらスタンドを登っていかれる姿を見ました。若い人たちのようにユニフォームまで着てはいませんが、首から「金本」とか「桧山」という名前の入ったタオルをぶら下げていました。東京ドームではおそらく息子さんと来ておられる、背中の曲がった、杖をついたおばあさんを見ました。首の具合でもよくないのでしょうか、顔を上げてグラウンドを見ることはできない様子です。でもふと見ると、いつの間に着られたのか古いユニフォームを身につけておられます。背中には漢字で「金本知憲」という名前が刺繍されておりました。そしてチームのチャンスにはうつむいたまま、メガホンをたたいて、うれしそうにしておられました。私はこれぞ究極のタイガースファンだと思いました。

そう、私なんてまだまだ新入りじゃないかと思える、若く見えるからうれしいのです。同時に、大学まで野球をやっていた体育会系の夫と、運動はすべてダメという私の唯一の共通の場所が「野球場」になるからというのもあります。夫は「野球をする」のが好きな人で、特にひいきチームはないというので、むりやりタイガースファンに引きずり込みました。今年は横浜スタジアムでバルディリス選手のファウルボールを素手で直接キャッチして、まわりから拍手されて、喜んでおりました。

なぜ、こんな私の息抜きをダラダラ書いてきたかといいますと、今年の夏、神宮球場で、私は大きな希望を感じとることができました。そのことを伝えたいのです。ゲームのことではありません。応援席でのできごとです。

実際のところ、私は目が悪いので、野球場ではほとんど見えていません。とくに球が見えなくて、先述のファウルボールを夫が捕ったときもまったく気づかず、左側に夫がいなかったら球はそのまま私の頭にゴツン！　だったでしょう。だからときどき誰かのホームランで大騒ぎしているとき、私も一応はメガホンを叩きながら、隣の夫にそっと聞きます。「いま、ホームラン？」。そしてワンテンポ遅れて「ワーッ」と声を上げるのです。

その夜、首位に立つタイガースはだんだんと2位の巨人に追いつかれていて、神宮のヤクルト戦はタイガースファンでいっぱいでした。タイガースファンの大きな特徴は「私が行かないと負ける」と思ってしまって、球場に行くところです。私も仕事の日程はいっぱいだったのに、スキを見つけてかけつけました。夫との合言葉は「行かにゃあ～」です。

ウィークデーのナイターで、試合が始まってからも観客はぞくぞくつめかけておりました。その間をビールを売って歩く若者たちの声もかまびすしく、いつものように私はボーッとして、キョロキョロしていました。

私の横を案内係の女性を先頭に3～4人の男性グループが上がっていこうとしていました。見ると、案内の女性に「そこを〇〇段上がって左側です」とか言われて、うん、うん、とうなずいている先頭の男性の左肩に手を置いて、うしろに3人ほどの男性が同じように前の人の肩に手を置いてつながっています。そしてその3人ほどの人たちはみんな白い杖を持っていました。

ハッとしました。この人たちは目の不自由な人たちだ、私なんかよりもっとはっきり見えない人たちだと理解しました。見ると先頭の、見えるらしい人からずっとユニフォームを上下に着ています。「金本」「矢野」なんて選手の名前は読むことができました。なんと「なりきり」のファングループです。そして一人ひとりがみんな笑顔、実にうれしそうに、楽しそうに段を上がって行かれました。

そのうれしそうな顔に、私は胸が熱くなりました。この人たちはおそらく球場は見えない。試合も、選手の顔も、7回のラッキーセブンに飛ばされる数千個の風船も、おそらく見えない。でも全身で試合を楽しんでいる、体全体でタイガースを感じている、そう思いました。

そして、ゆっくり自分に語りかけました。いじめ、競争、事件、戦争、派遣切り、棄てられる私たち老人、放置される母と子、病院の閉鎖などなど、ほんとうにしんどい時代を私はずっと見つめてきた。良くなってほしいと思って希望を探し、懸命に書き、語ってきた。しかし状況はますます悪くなる。いったい何をしてきたのだ――ずっとそう思っていました。せっかくストレス解消にと出かけてきても、すぐそういう「問題」を思い出し、今度は野球場に来た自分を責めていました。

しかし、あんなに楽しそうに、あんなにうれしそうに、仲間といっしょにタイガースを観に来ている人たちがいる。私も、ここでの2時間ほどは、ちょっと楽しもう、そうじゃないと、続けられなくなってしまう、書くことも語ることも。

ときには休もう、笑おう、楽しもう。まだまだ先は長いのだ。たかだか60余年生きて、何も変えられないなんて、思いあがりもいいとこ、いままでがんばったことで「変えられない」けれど、悪くなるのを遅らせるぐらいはできたかもしれない。まだまだがんばらなくちゃと……。

自分ではそれと気づかないまま、その存在そのものが誰かを励まし、助けていることがあります。懸命に、できるだけブレないで、弱いと言われるところから、ゆっくり書き、語ることしか私にはないのです。そのことを教えてくれたあの夜の神宮球場のグループでした。

'08年、タイガースは優勝を逃がしました。'09年は、やってくれるかもしれません。また「行かにゃあ〜」です。もしテレビでタイガース戦の中継をやっていたら、観客席に私がいるかも？そしてワンテンポ遅れて笑っているかも？　と思ってください。

また、どこかでお会いできればうれしいです。読んでいただいてありがとうございます。

この本を企画し、なかなかまとまったものを書こうとしない私を動かしたのは、第2子を妊娠中の、けやき出版の小崎さんです。この本が完成しているころには、ふたりの子の母になっていることでしょう。ふたりになると大変な面とラクな面と両方あります。小崎さん、またジャンジャンお手紙くださいね。返事を書くのはけっこう楽しかったですよ。

そして本づくりを支えてくださったけやき出版の酒井さん、宮前さん、ありがとうございます。いつも励ましてもらってきました。これからもよろしくおねがいします。

著者略歴

青木　悦（あおき　えつ）

1946年、高知県中村市（現・四万十市）生まれ。著述業。

「朝日中学生ウィークリー」「ふぇみん（婦人民主新聞）」記者を経て、現在、「いじめ」など子どもたちの状況を取材・執筆するとともに、全国各地で講演活動を行っている。

主な著書に、『アスファルトのたんぽぽ』『幻の子ども像』（以上、坂本鉄平事務所：FAX03-5840-9852）、『「子どものために」という前に』『泣いていいんだよ』『なぜそんなに「まわり」を気にするの？』（以上、けやき出版）がある。

東京都文京区在住。

たいせつなことは…
――子どもと生きる「あなた」への手紙

2009年3月3日　第1刷発行

著　者／青木　悦
発行者／清水　定
発行所／株式会社 けやき出版
http://www.keyaki-s.co.jp
〒190-0023 東京都立川市柴崎町3-9-6 高野ビル1F
TEL 042-525-9909　FAX 042-524-7736
DTP／ムーンライト工房
装　丁／森近恵子（アルファ・デザイン）
印刷所／株式会社 平河工業社

ISBN978-4-87751-379-5 C0037